明仔玩军事

百科图解

特种警察知识

瀚鼎文化工作室◎编著

航空工业出版社

北　京

内容提要

特种警察是隶属于警方的一个处理紧急事件、防止暴力犯罪的特殊部门，一般总是很低调地出现在公众面前。本书通过搜集大量的国外相关资料，从特警的组织结构、出警程序、武器装备、现场控制、常用战术技巧等诸多方面为读者还原了现实中特警的工作生活。

图书在版编目（CIP）数据

百科图解特种警察知识 / 瀚鼎文化工作室编著. --
北京 ：航空工业出版社，2014.1（2020.8重印）
ISBN 978-7-5165-0283-9

Ⅰ. ①百… Ⅱ. ①瀚… Ⅲ. ①武装警察－世界－图解
Ⅳ. ① E157-64

中国版本图书馆 CIP 数据核字（2013）第 266916 号

百科图解特种警察知识
Baike Tujie Tezhong Jingcha Zhishi

航空工业出版社出版发行
（北京市朝阳区京顺路 5 号曙光大厦 C 座四层　100028）
发行部电话：010-85672663　010-85672683

北京世汉凌云印刷有限公司印刷　　全国各地新华书店经售
2014 年 1 月第 1 版　　2020 年 8 月第 3 次印刷
开本：710×1000　1/16　　字数：202 千字
印张：12　　定价：39.80 元

编者的话

所谓特种警察，是警方的一个担负某些特殊任务的警种，特警是警察中的特种精英。专门负责各种特别的危险任务，例如拯救人质、围攻恐怖分子或有强大火力武器的匪徒等等。

特警题材也是电影、小说等颇为喜爱的主题，相信不少读者都曾看过这类的影片或者小说。

然而，许多读者在观看了影片或者阅读小说以后会对其中的场面产生疑问。

为此，我们精心编写了本书，专门对其中的一些知识进行解读，希望广大读者能够从另一个方面了解和认识特警，解决读者们对于特警的一些疑问。

《百科图解》系列丛书是瀚鼎文化工作室倾力打造的“明仔玩军事”大家庭中的一员，是在搜集国内外大量兵器知识后，整理编写而成的涵盖古今中外的军事知识的科普性图书。内容涉及到舰船、枪械、冷兵器乃至现代军用装备等多种类别，希望令广大读者能全面地认识不同时期不同武器装备对战争甚至是历史进程的作用。

明仔玩军事

● 目 录 ●

●目　录●

第一章

概　况

No.001 特警与特种兵有什么差别

特警与更倾向于直接杀伤目标的特种部队不同，并不会像电影里面描述的那样一出场便是枪战，特警的任务是逮捕疑犯，避免犯罪及恶性事件的发生。

逮捕才是首要目标

行动中，是要逮捕还是射杀目标，这是特警最常面对的问题。尤其是负责进攻的警员，在面对穷凶极恶的罪犯时，很难抉择。因为使用枪械必须要遵从相关的规定，比如，在哪种情况向可以向疑犯开枪，哪种情况下可以射杀疑犯。向疑犯射击导致疑犯受伤或者死亡，警方内部会有专门的部门调查当时的情况，考量其射击行为是否正当。因此，就算是特警，也不能像电影里一样随意开枪。

在拯救人质和扫荡毒贩的时候，常常需要冲进罪犯藏匿的地点，而这些疑犯也多携带有武器。特警冲进去以后，如果并非紧急状况，依然是不能轻易开枪的。毕竟特警执行任务的最终目的是逮捕罪犯，令其受到法律的制裁。

而特种部队就没有这么多的限制和顾虑了，他们的行动多是以射杀目标为首要任务。英国的某个特种部队更是获得了“鞭尸队”这样恐怖的外号，这是因为他们在经过已经被击倒的恐怖分子旁边时，为了确认目标已经死亡，会对着尸体再次开枪。

特警行动的基本原则是要逮捕疑犯，在行动中的最高目标是解决事件的同时无人伤亡。也正因为此，逮捕疑犯的任务在技术要求上要比射杀目标的任务高。但是这也并不意味着特警不会开枪射杀目标，在人质或者无辜群众生命安全受到威胁的时候，特警们则会改变行动方式，毫不犹豫地射杀目标。也就是说，在执行任务的时候，特警要根据实际的情况，对行动策略进行有弹性的软硬变化。

特警与特种兵

特种部队

如“鞭尸队”，任务中以射杀目标为主要方式。

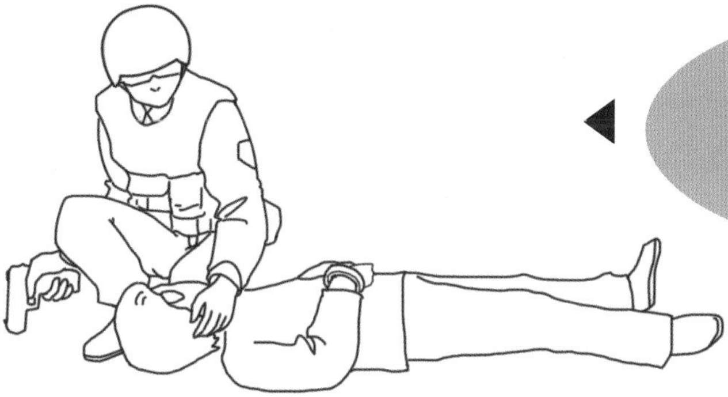

特警

在执行任务的时候，首先考虑的是要逮捕罪犯。

特警的原则

软性	尽可能无人伤亡地和平解决事件
硬性	在人质或无辜群众生命安全受到威胁的时候，也会射杀疑犯。

No.002 特警能不能射杀疑犯

电影和小说中常常会描绘警方与罪犯之间的激烈枪战，然而这多是为了追求作品的娱乐性而产生的。实际上，警方对使用枪械有着严密的限制，有不少警员直到退休都未在外开过枪。

没人想开枪伤人

在警察部队中，除了负责执行任务的攻击小组以外，还有专门负责谈判和心理分析的警员，这些警员在执行任务时几乎是不使用枪械的。然而，就算是警察中的攻击小组，也不会在有其他选择的情况下开枪，就连负责狙杀疑犯的狙击手也是如此。也就是说，没有人会像影视作品中那样单方面开火射杀疑犯。

特警部队的首要任务正如前文中提到的一样，是逮捕罪犯。其存在的目的是为了让罪犯受到法律的制裁。虽然特警们会在日常训练中不断加强射击训练，但是这也只是为了在执行任务的时候保证人质的安全。如果疑犯并没有携带武器，特警也就不会轻易开枪。

同时，特警这个职业要求警员必须控制好自己的情绪，在必要的时候瞬间开枪反击，后发制人。因此在平时特警必须参加瞬间反应的射击训练，通过突然冒出的照片靶来判断人物身份、威胁程度。任务当中如若遇到手持枪械的疑犯，特警就会在警告无效的前提下毫不犹豫地开枪射击。

在经过长期的条件式训练之后，警员就会形成“肢体记忆”。就算面临任务现场的紧急状况，身体也会下意识地做出反应。不过，一般警员在射杀疑犯以后，常常会由于罪恶感产生许多心理问题。

因此在特警进行了枪战之后，一般都要接受精神科医生或者心理咨询师的诊疗。有的特警部队中不仅配有专职的心理咨询人员，甚至为了更好地掌握警员的心里状况，还会一同前往任务现场。

总之，开枪射击疑犯并不是一件随意的事情。

特警的设计规定

※ 原则上，特警是不能对徒手的疑犯开枪的。

No.003 世界各国的的特警

在电影《反恐特警组》、《火线狙击》、《王牌对王牌》等电影当中，描述了一些现实中实际存在的特种警察部队，这些部队都是全球最高水准的特种警察。

不同地区的特警

特种警察的编制和装备在各个地区都不同，因为各国的国情以及所处的地区环境都不尽相同，特警的特色和需要执行的任务也都不同。例如，欧洲北美和中南美洲的特警就有很大不同，同是毒品问题，欧洲北美是消费国，而中南美则是产区，这就导致了当地特警所需要执行的任务截然不同。

实际上，欧美国家常常会派遣特警部队到中南美洲进行交流合作，向中南美洲的特警部队提供新的器械、战术。然而，这些器材和战术在当地却很少有发挥的机会。

这是因为在中南美洲，毒品集团会隐藏在密林当中提炼毒品，特警更多的是依靠长期在雨林中的作战经验来对付罪犯。

而欧美国家的特警执行任务多事在高楼林立的都市当中，他们更多的是在深夜或者黎明时分突击毒品贩子的据点，有时候甚至能够不发一枪一弹，在对方还来不及抵抗的情况下将罪犯逮捕。

另外，欧洲的特警与美国的特警也有所不同。欧洲特警在执行任务的时候更多地选择现场随机应变，而美国则多在统一的指挥系统下进行有组织的行动。

在机动部队攻击时，美国的机动部队在攻坚以前，习惯制定好完整的作战计划，不断重复按照日常演习中排练好的步骤。比如，规定好第一个冲入室内的人往右，第二个人往左散开。而欧洲特警在攻坚的时候往往并不如此精密的计划，实际行动中，如果第一个人往左，下一个人就会往右。

欧美的特警和中南美的特警

地区	欧美	中南美
毒品	消费国	产区
环境	都市	雨林
特警	高科技器材和精密的战术	雨林中生活和作战的经验
特色	不发一枪一弹，压制罪犯据点	遭遇持枪的对手后迅速反应

美国和欧洲特警的差异

美国

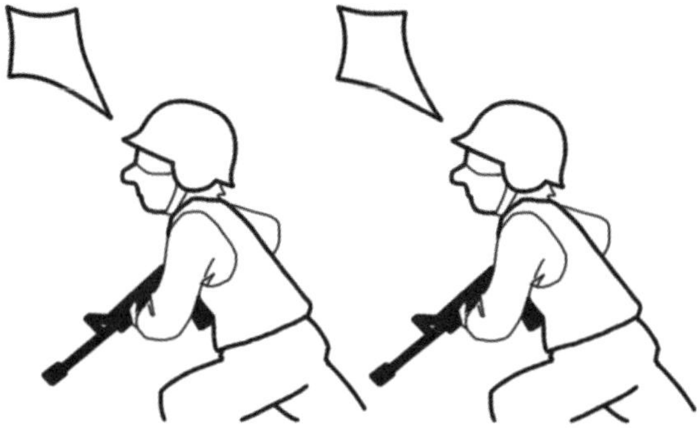

根据日常演习的安排，在攻坚中制定好详细的计划。如第一个冲入室内的人往右，第二个人往左散开。

欧洲

欧洲特警在执行任务的时候更多地选择现场随机应变，第一个人若是往右的话，第二个人就会向左。

No.004 电影和小说中的特警

在电影与小说当中，常常会看到特警在各种紧急状况中出动，这些特警大多都是以在实际中确实存在的特警部队为原型所塑造的。

电影与现实中的特警

在影视作品中，为了增强真实性，达到吸引观众的目的。比如一直很火的美国电视剧《犯罪现场调查》，就深度还原了美国刑事案件的侦查、量刑；香港也有很多的同类影片，像《法证先锋》《飞虎》等。这些影片都在一定程度上满足了观众对案件侦破的好奇。

在拍摄此类影片的时候，剧组常常会聘用现役、退役的警员或者其他警方工作人员作为顾问来参与影片的制作。这些顾问不仅会与制片、编剧等讨论影片的细节，还会前往拍摄现场，为演员提供现场指导，使作品具备更强的真实性。

然而，即使是这样，影视作品也不可能完全地将特警们的实际工作生活表现出来。在案情设定上，为了追求娱乐性，常常会表现得波折起伏，在疑犯的设定上也往往是很明显地违背社会道德的“坏人”，在与特警进行枪战的时候更是将剧情的起伏表现到了极致，常常在经过了激烈的对战后，疑犯会趁机逃走，为之后的剧情埋下伏笔。

实际的案件侦破与影视作品是有很大不同的，比如，案件基本不可能在短时间内就得到解决。警方掌握了证据后，还必须找出证据与疑犯之间的联系。就算在案发现场找到了带有疑犯指纹的刀具，也不能代表疑犯是使用这把刀杀害受害者的。此时就需要警方运用相当的侦讯技巧，引导疑犯招供。有时候疑犯的供词与证据并不一致，甚至会相互矛盾。这种情况就要靠警察的运用自己的破案经验来解决了。

现实与影视作品中的不同

物证
刀上有疑犯的指纹

疑犯供述
疑犯供述

现实
疑犯可能否认罪行

影视作品
常常很短时间内就侦破案件

现实中，有时候疑犯的供词与证据并不一致，甚至会相互矛盾，所以警察经常要运用自己的经验来破案。

影视作品的背后

筹备影视作品时会有顾问提供资料

顾问

现役警员　　退役警员

影视作品

增强真实性

No.005 现实中的特警

所谓特警，即特种警察，是警方的一个担负某些特殊任务的警种，特警是警察中的特种精英。专门负责各种特别的危险任务，例如：拯救人质、围攻恐怖分子或有强大火力武器的匪徒等等。

逮捕疑犯时的王牌

特种警察是经过特殊训练的警察精英，正是因为具备极强的个人能力，因此在影视作品中常常将特警描述成英雄人物，尤其是谈判、心理分析、狙击、问询等团队常常是其中的主角。

在现实中，警察是维系社会治安的主力。发生了犯罪事件以后，会由警方逮捕疑犯，使其接受法律制裁。对于绑架勒索或是挟持人质与警方对峙这类的重大刑事案件，对一般的刑警和负责治安的警察来说实在是力有不足，加上此类案件对于民众人身安全、社会治安影响十分重大，因此便需要经过特殊训练的特种警察来应对。

在这些案件当中，有的人是为了获取经济利益，有的人是为了某种特殊目的，也有的人只是一时失去了理性。特警们需要面对的，就是这些心理扭曲的罪犯。

大多数命案中，罪犯很容易在案发现场留下一些蛛丝马迹，要逮捕罪犯并不是特别困难的事情。也会有一些罪犯在犯案之后内心感到自责，自首的情况极为常见。

但是，同时也有极少数非常危险的罪犯，他们对杀人没有任何罪恶感，并且能够制定详细的作案计划，犯案后不留下任何证据。对于这种罪犯，他们非常清楚自己犯下的罪行有多严重，所以想方设法逃避警方追捕。当要搜捕这种罪犯的时候，就需要特种警察出面了。电影和小说中的故事原型也往往是来源于此类能够吸引大众的案件。

普通警察与特种警察

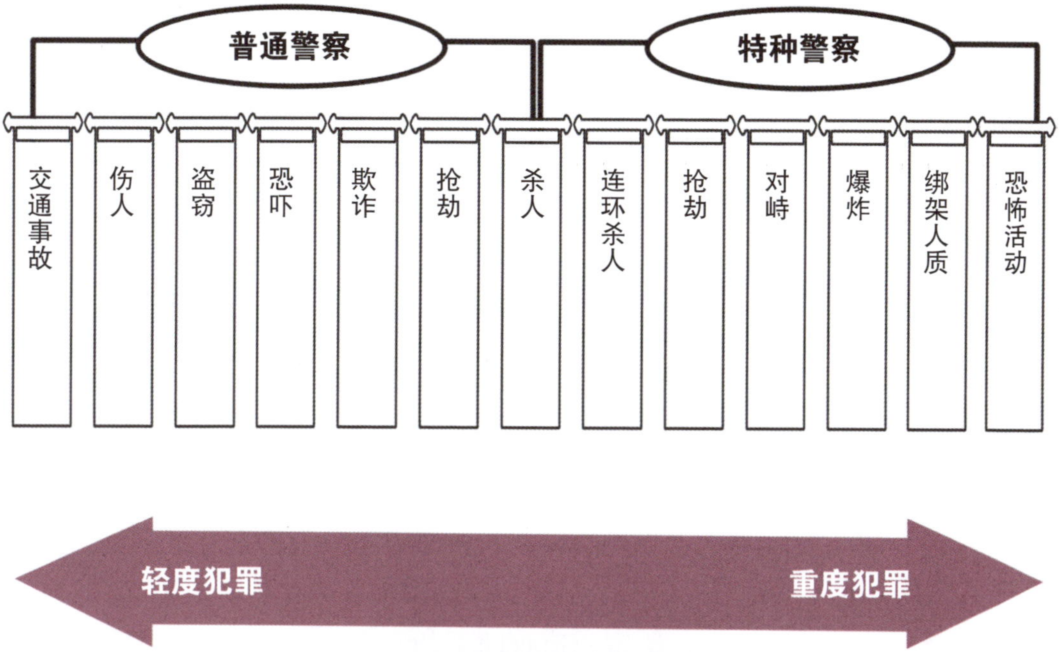
普通警察
特种警察
交通事故
伤人
盗窃
恐吓
欺诈
抢劫
杀人
连环杀人
抢劫
对峙
爆炸
绑架人质
恐怖活动
轻度犯罪
重度犯罪

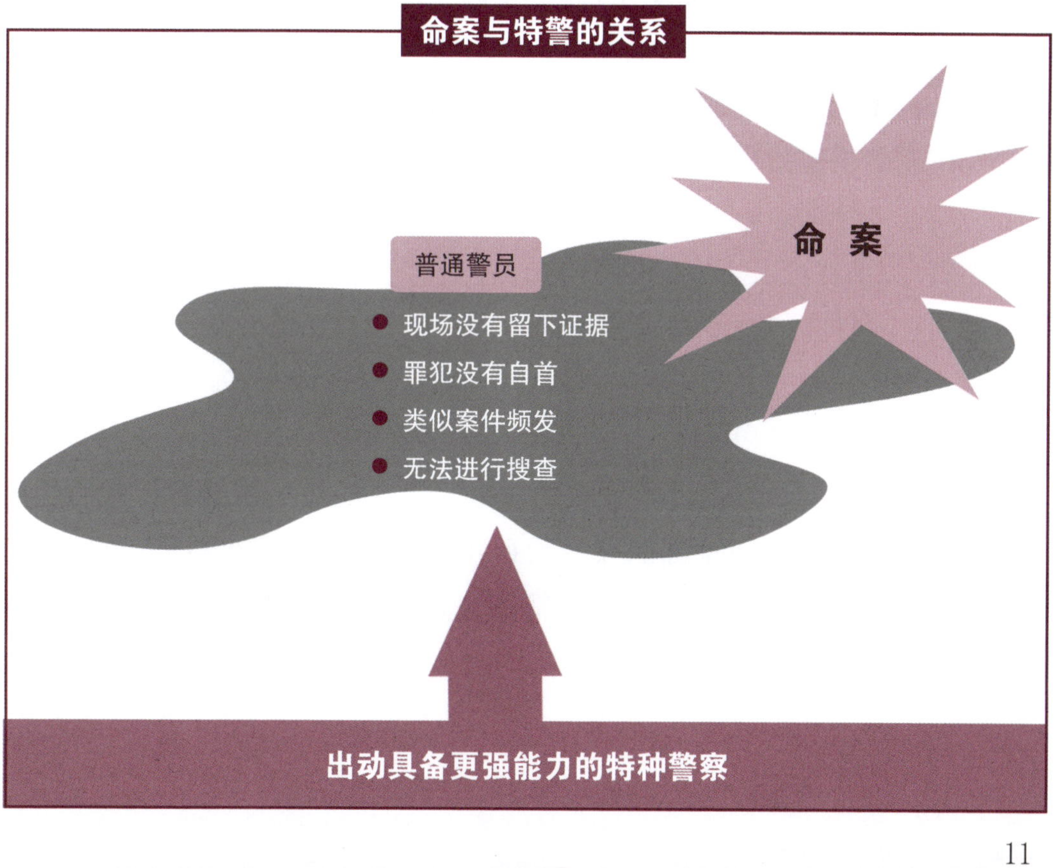
命案与特警的关系
命 案
普通警员
现场没有留下证据
罪犯没有自首
类似案件频发
无法进行搜查
出动具备更强能力的特种警察

No.006 特警们如何办案

特种警察是警察中的精英，其组织团队会根据不同时期或者案件类型进行改组变化。在必要的情况下，会设置相应的特殊团队来应对。

具有针对性的特警团队

据说在欧美地区，最受欢迎的三种影视作品类型分别是医疗、法庭、警匪。尤其是警匪片，所涉及的内容较其他两种类型更加广泛，因此深受观众喜爱。在这些影视作品当中，特种警察在侦破案件上具有极强的能力，这类警匪片还能通过对重案与罪犯的调查反映出社会中的一些状况。

比如，心理分析师在命案现场会根据现场留下的蛛丝马迹来推理疑犯的心理状况或者行为目的等。谈判专家会通过与绑架人质的罪犯进行对话，力争劝其释放人质或者自首。攻击小组则需要制定好作战计划，正面营救人质。法医通过对受害者遗体进行鉴定，追查凶手的线索。总之，在影视作品中，会根据观众爱好推出各种讲述特警的影片类型。

在现实中，这些也是警方办案的基本方式。与办案方式相比，特种警察的组织编制会根据社会的发展变化而随之改变。有一些曾经活跃的团队，会随着时间推移逐渐缩编甚至解散。

比如，以前在美国联邦调查局（FBI）下，就有一个叫做行为科学部（BSU）的机构。这个机构被视为警方心理分析师的鼻祖，也是畅销小说及改编电影《沉没的羔羊》所描述的主要人物。而如今，他们已经改编为直属于重大案件分析中心的行为分析部（BAU）。

再以日本为例，早期日本警察的攻击小组要应对一些具有针对性的重大案件，而如今许多机动部队被分派到各地，担任一些核电厂等重要设施的警戒任务。还有一些则改组成为特种急袭部队（SAT），专门负责应对恐怖活动。

各种类型的影视题材

- 心理分析师通过推断罪犯心理和行为目的。
- 谈判专家说服罪犯停止犯罪，达到拯救人质的目的。
- 法医从受害者遗体中，寻找破案线索。

特种警察部队改组

美国

FBI
BSU

警方心理分析的鼻祖

→ 直属于重大案件分析中心的 BAU

日本

警察机动部队

→ 核电厂等重要设施的警戒工作

重大案件
重大罪犯

→ 日本警察厅直属 SAT
专职反恐

No.007 通过物证也能锁定疑犯

无论任何犯罪，必定都有其犯罪现场，从现场找到的蛛丝马迹，就是证据。证据越充分，在将来检举疑犯的时候越容易确定其罪行。不仅是特警中，所有的警察团队都有搜集证据的人员。

具有关键作用的现场证据

为了尽快侦破案件，首先要妥善保护现场，防止证据遭到破坏。在许多影视作品和小说当中，取证人员会在案件发生后迅速进入现场，通过高科技的器材取得疑犯有可能留下的任何证据。比较有代表性的影视作品如美国的《CIS：犯罪现场》、香港的《法证先锋》等。

而现实中，取证人员赶到现场需要一定的时间，一般多由案发现场附近的警察首先到现场并妥善保护现场，一直等到取证人员前来取证。

例如，警方在收到“一男性在公园刺伤女性后逃走”这样一则案件后，最首要的任务自然是逮捕疑犯，同时保护案发现场以及如何处理受害者也非常重要。

首先，要调动公园附近的警察，确定如何到达现场，设定好通道和警戒线，避免破坏现场。由于案发现场会留下许多有助于搜寻疑犯的证据，涉及到的相关部门都会陆续赶到现场。如果每个部门都能任意进入现场的话，证据很可能会遭到损坏。因此设置好专门的通道和警戒线就非常重要。

此外，在取证人员到达之前，还要进行现场拍照。在对受害者进行急救时也要十分注意，如果毫无计划地施救，就有可能破坏受害者身上有可能留下的证据。同时，听取受害者口述案发情形也是非常重要的，毕竟有时候受害人受了重伤以后，在救治途中的询问可能是获取其证词的唯一机会。

如何保护案发现场

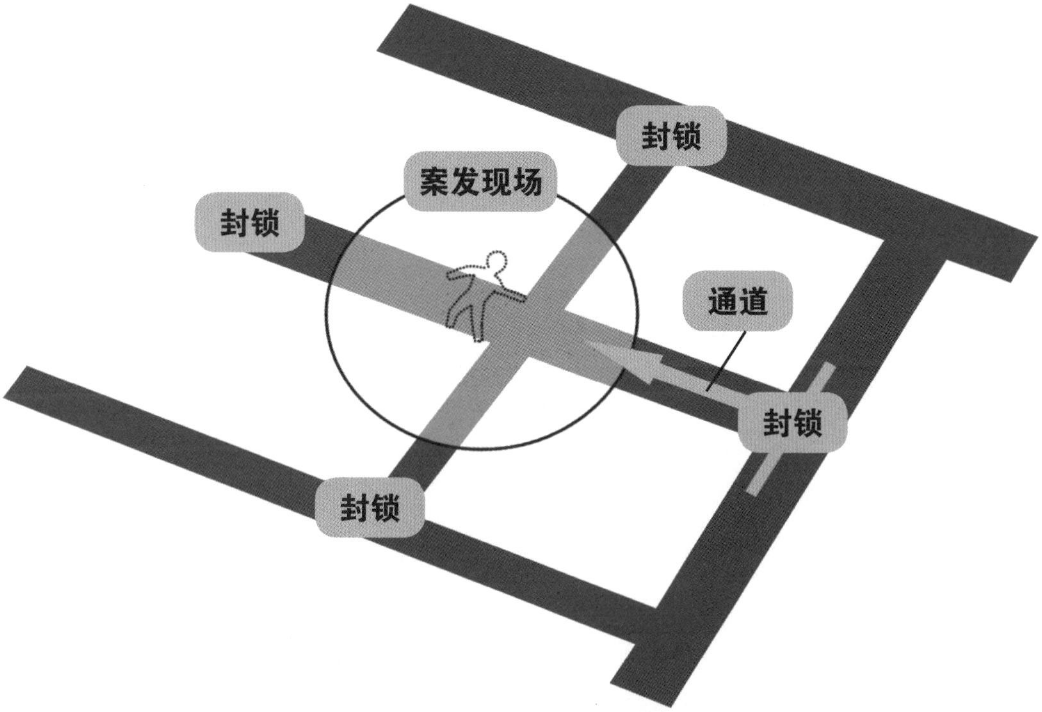

案发后的主要任务

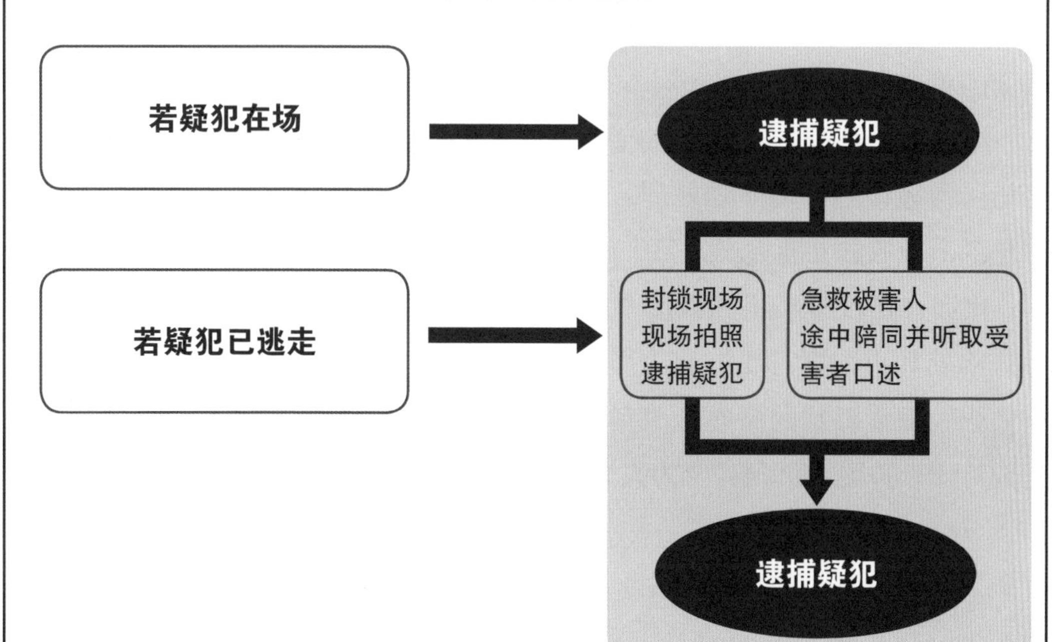

No.008 执行任务也要看性格

执行任务的成功与否，不仅要看警员的个人能力以及经验，还要看其性格是不是合适执行该任务。比如沉着冷静的性格适合担任狙击手，但并不适合需要随机应变的攻坚团队。

不同的性格执行不同的任务

在一些影视作品中，为了吸引到观众眼球，常常会出现一些特立独行的警察，然而，实际中“独行侠”是不受欢迎的。能够凭借个人直觉和能力行动固然了不起，不过侦破案件时特警更看重的是团队精神。

越是面对重大案件，特警的各个团队越要通力合作，各尽所能，以求早日逮捕疑犯。行动当中要是加入了个人价值观和感情因素，不仅会影响自己的判断，甚至还会影响到其他同僚破案。因此，特警在招收新人的时候，会进行极为严苛的测试。

在对新人的筛选中，不但要考察其知识储备和应有的技能，同时还会确认应考者是否具备执行任务的能力。他们会通过巧妙的问题来分析应考者担任特警的理由，同时对其职务履历进行分析。面试官会充分发挥询问技巧，分析应考者本身的言行是否存在矛盾的地方。若有必要的话，还要到应考者服勤的单位直接向其上司和同事了解情况。

经过重重筛选，充分考虑应考者的个人资质，从而判断将其分配到心理分析、人质谈判、爆炸物处理、狙击手、攻击小组等团队。也就是说，特警都是各个领域的专业人士，每个团队都需要选择具备其特征的人才。

比如，在攻击小组的人员多是活泼开朗，具备相当的行动能力的警员；爆炸物处理小组则需要沉着冷静、擅长逻辑思考的人；狙击手则普遍带有集中力强，偏爱孤独的倾向；谈判小组的人往往很有耐心，具有知性并容易接近的特质；护卫人员则需要为人忠诚。

特警的条件

- **数年的执勤经验**
- **身心健全**
- **具备专业的知识和技术**
- **适合该职务的性格**

适合各个团队的个性

攻击小组

活泼开朗，并有较强行动能力。

狙击手

集中力强，偏爱孤独。

爆炸物处理小组

沉着冷静，擅长逻辑思考。

护卫人员

为人忠诚

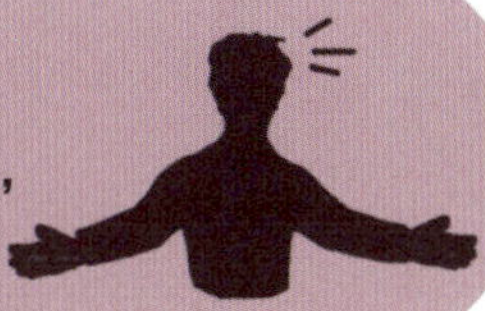

谈判小组

耐心、知性，容易接近。

No.009 特警的体力训练

强健的身体是特警执行任务的基础，特警部队会按照一定的标准，长期要求警员按照要求完成训练，确保特警的体力能够完成相应的任务。

为了任务而训练

由于特警们执行的任务都具有较高的难度，因此首要的前提就是要保证警员的身心健康。在体能方面，特警部队要求很高，在速度、反应、耐力等方面都有着比普通警员更高的标准。另外，特警部队还会定期和不定期对警员进行体能测验，确保其体能合格。

美国联邦调查局（FBI）地方分局有三个固定的测验项目，分别是测试上半身肌肉的“攀绳”，测试下半身肌肉的“短跑”，以及要充分运用全身肌肉的“障碍赛跑”。通过对这三项运动的测试，能够充分检测出警员的体能状态。

在测试中，警员不能穿着运动装，而必须是出任务时的装备。以机动部队为例，他们要穿上全套的装备，还要加上将近 10 千克的防弹背心，然后攀登一定长度的绳索。如果平时不注意锻炼握力、腕力、腹部与背部肌肉的话，几乎无法完成测试。

短跑测试只有 50 米，但是在测试中要身穿防弹背心、戴头盔、并持有任务中需要使用的枪械。还有一点比较特别，在起跑前，警员是处于仰卧状态的，要先起身才能起跑。

障碍赛跑全程 800 米，在整个过程中需要完成三个项目。在 200 米处要进行 S 形迂回跑 50 米；到了 400 米的地方要拖动 80 千克的重物前进 10 米；而在 600 米的地方要按照规定完成一系列卧倒起立的动作后才能继续前进。

FBI 的体能测验

攀绳

短跑

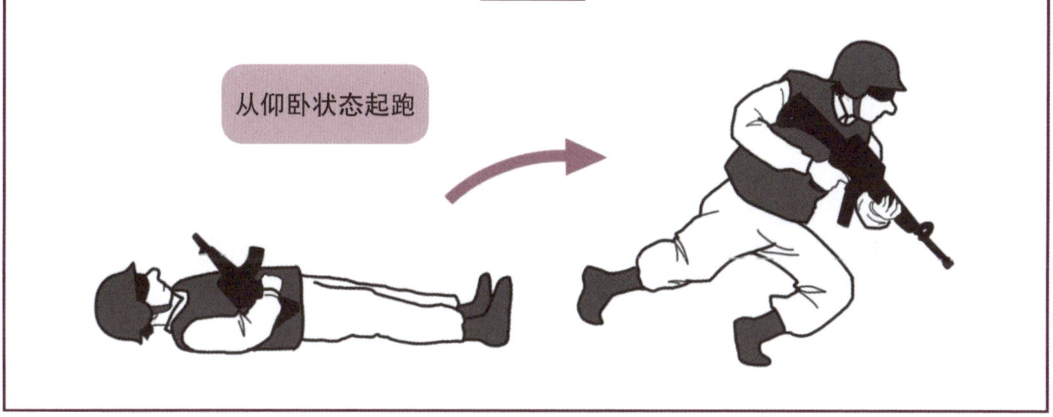

障碍赛跑

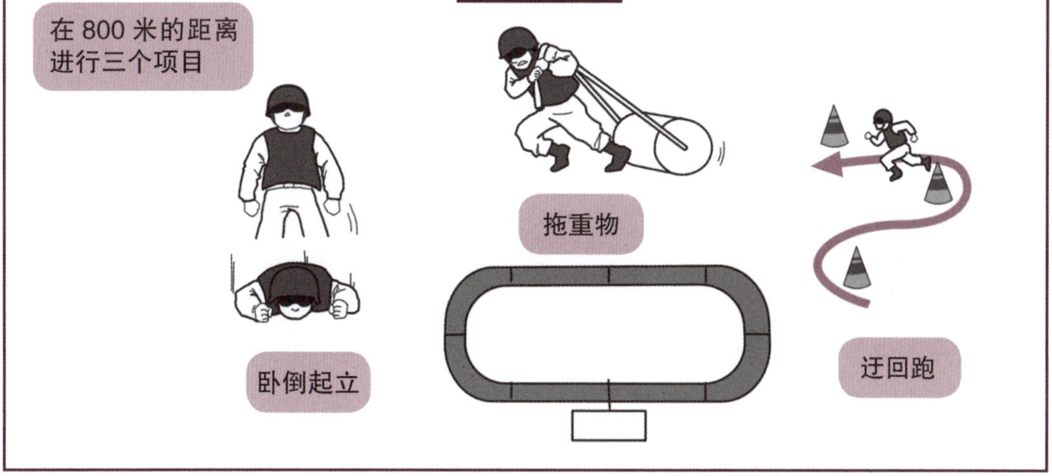

No.010 对峙事件

对峙事件一般有两类，一种是疑犯挟持人质，向警方提出某些要求；另一种是疑犯在走投无路的情况下，躲藏在建筑物中负隅顽抗。这两种类型都影视作品钟爱的题材。

如何解决对峙事件

在影视作品中，常常会出现大批警察包围疑犯所占据的建筑物的场面。谈判小组拿着扩音器或者使用电话与疑犯沟通，试图说服疑犯。全副武装的狙击手和攻击小组准备就绪、时刻待命。

无论是影视作品，还是现实世界，一旦发生对峙事件就需要出动诸多部门的特警。例如，负责与疑犯谈判的谈判小组；通过疑犯的言行判断疑犯的心理状态，了解目前的危险程度，并预测疑犯下一步言行的心理分析小组；监视疑犯动向的狙击手；随时准备攻坚的攻击小组；以及为了避免疑犯从电视、广播中了解信息，负责报道管制的公关部门等。

在现实的对峙事件中，特警们所采取的步骤的确和影视作品中的非常相似。警方首先会完全封锁疑犯所藏身的建筑物及附近地区，将疑犯完全困住。这样做是为了让疑犯除了选择与警方进行交涉以外无路可走，也是促使疑犯接受谈判的心理战术。

如果疑犯手中挟持了人质，警方则需要想方设法令疑犯的注意力从人质身上转移开，确保人质的安全；在现场没有人质的情况下，也需要考虑疑犯是否会自杀。这时候，警方会保持极大的耐心，通过谈判、劝说等心理战术，借以促成疑犯投降。像影视作品中那样不经谈判就直接带枪破门冲入的场景并不多见。

在对峙事件中，分析疑犯的行为动机和目的至关重要，可以帮助评估其是否有自杀的可能性，是否会危害人质安全，是否存在投降的意向等。

对峙事件需要出动的特警类型

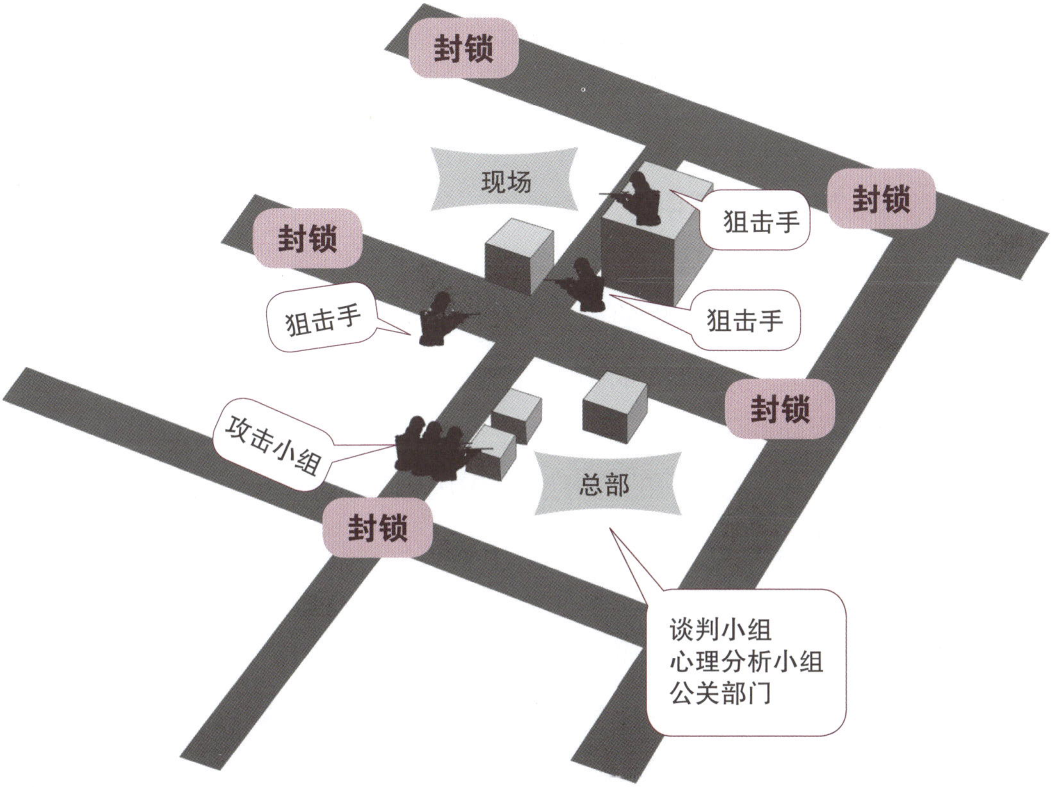

不同对峙时间的作战差异

现实世界	影视作品
积极谈判（攻坚是最后手段）	简单谈判，为吸引观众，攻坚才是重头戏。

现实世界	影视作品
耐心等待（攻坚是最后手段）	往往是直接攻坚

No.011 绑架案

绑架勒索的疑犯经常会表示如果报警就会“撕票”，这也就代表疑犯自认为局势并不乐观。现实中特警破获了许多绑架案，也正说明了这一点。

心理战术在解决绑架案中作用很大

绑架勒索之类的案件是影视作品最为热衷改编的案件类型之一。在此类案件中，警方必须在疑犯提出的最后期限之前设法找出疑犯并解救人质，整个过程自然而然地产生很强的戏剧张力。尤其是警方与疑犯之间斗智斗勇的情节，最为吸引观众的眼球。

那么，在以勒索钱财为目的的绑架案当中，特警们会有什么样的行动？

首先假设疑犯来电勒索。此时疑犯往往会表示“如果还想要小孩活着，拿钱出来”，而小孩的父母则会恳求“付钱没问题，不过先要听听孩子的声音”。

在这种情况下，特警们需要运用心理战术，设法保住孩子性命的同时，又能不付给疑犯赎金。比如，他们会设法降低疑犯的警戒心，让疑犯认为可以拿到赎金，另一方面则要唤起疑犯的一丝同情。

在父母接听电话的时候，特警的心理分析小组会在旁边提供技术指导。让疑犯误认为自己已经掌握了整个事件的主动权，进而逐渐让对话向对孩子父母有利的方向转变。

在这一过程中，心理分析小组会从旁帮助小孩父母减压，与此同时，技术人员需要通过录音分析通话内容，根据探测到的信息，采用相应的技术来判断疑犯所在地。

当确认了疑犯所在地以后，要对目标地点进行监视，搜寻形迹可疑的人，同时，攻击小组随时待命准备救出人质。

绑架案中需要出动的特警

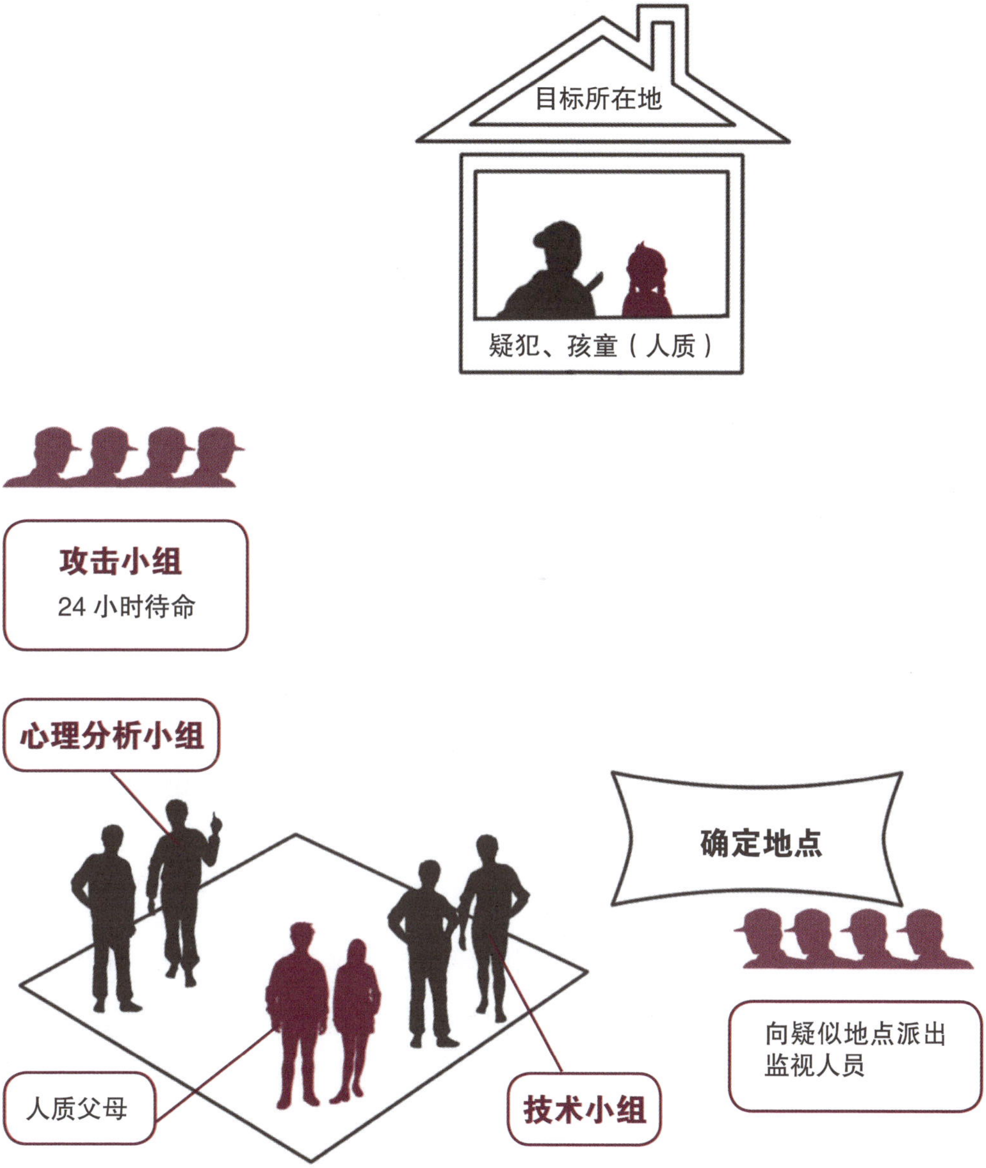

绑架案中的战术

- 松懈疑犯的警戒心；
- 一方面让疑犯认为可以拿到赎金，一方面向疑犯求情；
- 务必确认人质的安危。

No.012 连环凶杀案

有一些特殊的凶杀案，凶手会以杀人为乐，并在犯案前做好充足准备，不留下任何线索，此时，就需要特警出动，追捕凶手了。

有明显联系的连环凶杀案

大多数命案在警方到场搜集证据后就会有所进展，大多数凶手更是会在事发后由于自责而向警方自首。但是也有一种人把杀人当作乐趣，他们会在事前做好周密详尽的准备计划，不会在案发现场留下任何痕迹，并不断重复同样的杀人手段。

在凶杀案中，取证人员会详细搜集案发现场每个角落，将现场的证据一一找出并归类，用以帮助警方破案。然而并不是所有的案件都会留下足够的证据，这种情况下，侦破就遇上了瓶颈。此时特警部队就要派上用场了。

特警的心理分析小组在侦破案件中会以有别于传统侦查手段的方式来寻找疑点，他们常常会设身处地地感受案发现场的环境，通过对疑犯心理的推理来模拟案件，摸清疑犯的性格特点和心理状况。

心理分析小组还会根据搜证人员的分析结果，留意现场周围的目击者，目击者的证词在这时候十分重要，心理分析小组会将自己的推理结果和目击者的供词结合起来判断凶手身份，从而制作出疑犯的轮廓画像。

特警在侦破案件中就是把各个小组和部门的侦查结果结合起来，将搜证、推理中的所有信息都拿来分析，最终像拼图一样完成整个案件的轮廓，确定疑凶。

由心理分析小组确定的疑凶形象，会被当作搜寻凶手的标准之一，刑警们在遇到形似的人是会对其加以留意，最终排除或者确定其是否为凶手。刑警在搜寻凶手的时候，也需要尽可能地发挥推理以及侦缉能力，从茫茫人海中找到疑凶的踪迹。

命案的物证与特种警察的关系

取证人员进行搜查

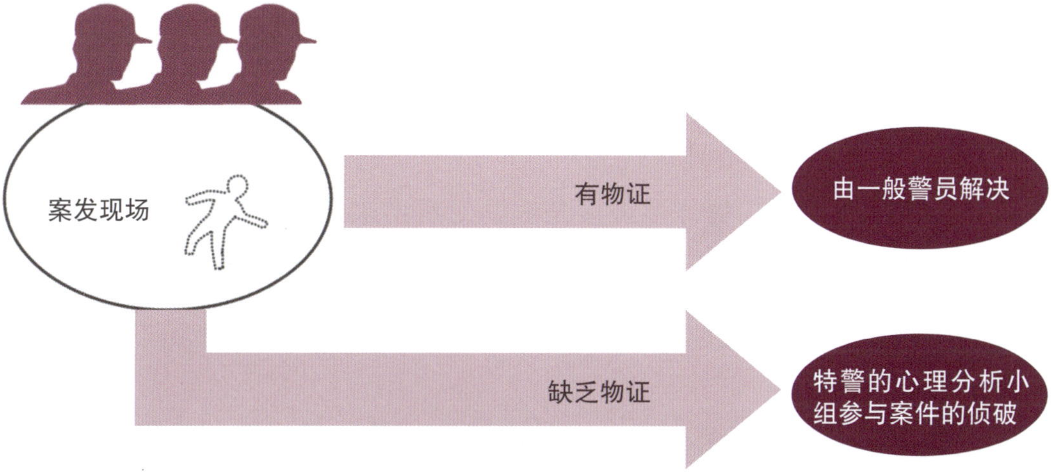

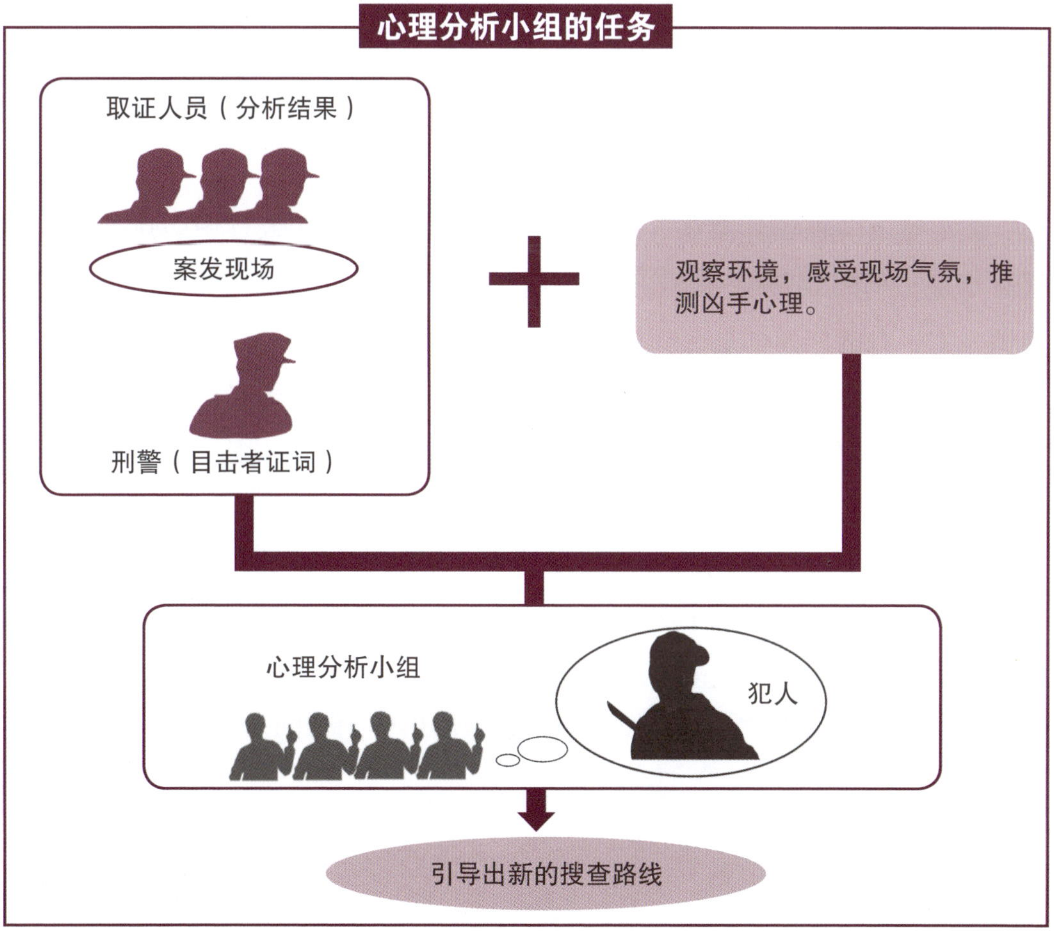

No.013 爆炸案

爆炸案是危害性比较强的案件，一般为盲目的恐怖袭击和针对特定目标两种。对于此类案件，特警需要在爆炸的残留物当中找出线索并搜捕疑犯。

从炸弹中解析疑犯心理

影视作品所描述的爆炸事件多是编剧幻想出来的产物，比如，疑犯常常为了表现出自己的才华，制造出一个由复杂的电路和导线引爆的炸弹，此时为了让剧情更加惊险，拆弹专家会十分犹豫，直到炸弹被引爆前的几秒钟才成功拆掉。

而在现实中的爆炸案当中，多是由特警部队中经过专门训练的爆炸物处理小组来处理此类事件，疑犯用来作案的炸弹往往也是粗糙的土制炸弹。为了保证能炸弹的引爆，疑犯通常会采用比较简单的引爆电路。像影片中那样复杂的炸弹也可能存在，不过用这么复杂的炸弹来作案的概率实在不高。

在常见的两种爆炸案中，恐怖袭击会无所顾及地在人群中引爆炸弹，而针对特定目标的炸弹通常会通过邮递包裹的方式送到目标人物的手上。在现实中，大多数的炸弹都是在邮递途中被发现的。

爆炸物处理小组在行动时会穿有防爆服，在确认现场安全设施已经设置完毕后，小心翼翼地检查炸弹的形状和引爆线路。之后才能决定应该当场解体或者转移到安全地点引爆。

在炸弹解体或引爆之后，爆炸物处理小组的工作人员会搜集炸弹零件，将其复原，同时在心理分析小组和鉴证小组的帮助下分析疑犯的身份。因为在炸弹的制作手法上往往能反应出疑犯的个性、心理状况，甚至是职业等信息。而残留在炸弹上的指纹、汗迹等更是对破案有极大的帮助。

现实与影视作品中的炸弹

影视作品

由复杂的引爆电路和导线构成的特制炸弹

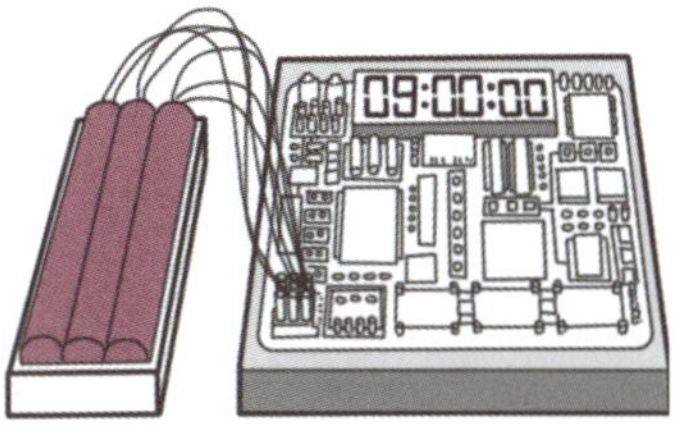

现实

多为粗糙的土制炸弹

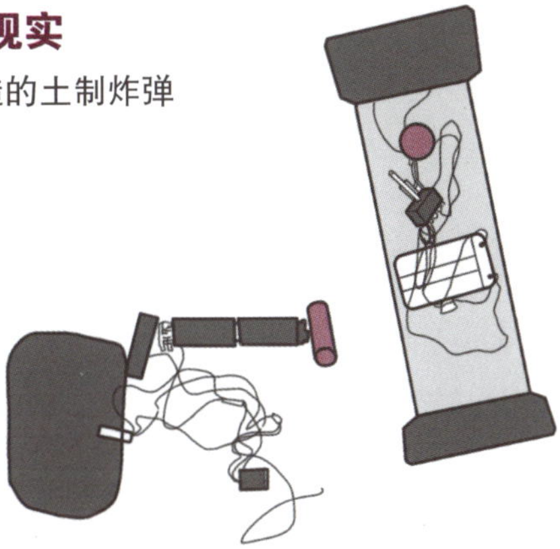

爆炸案的处理步骤

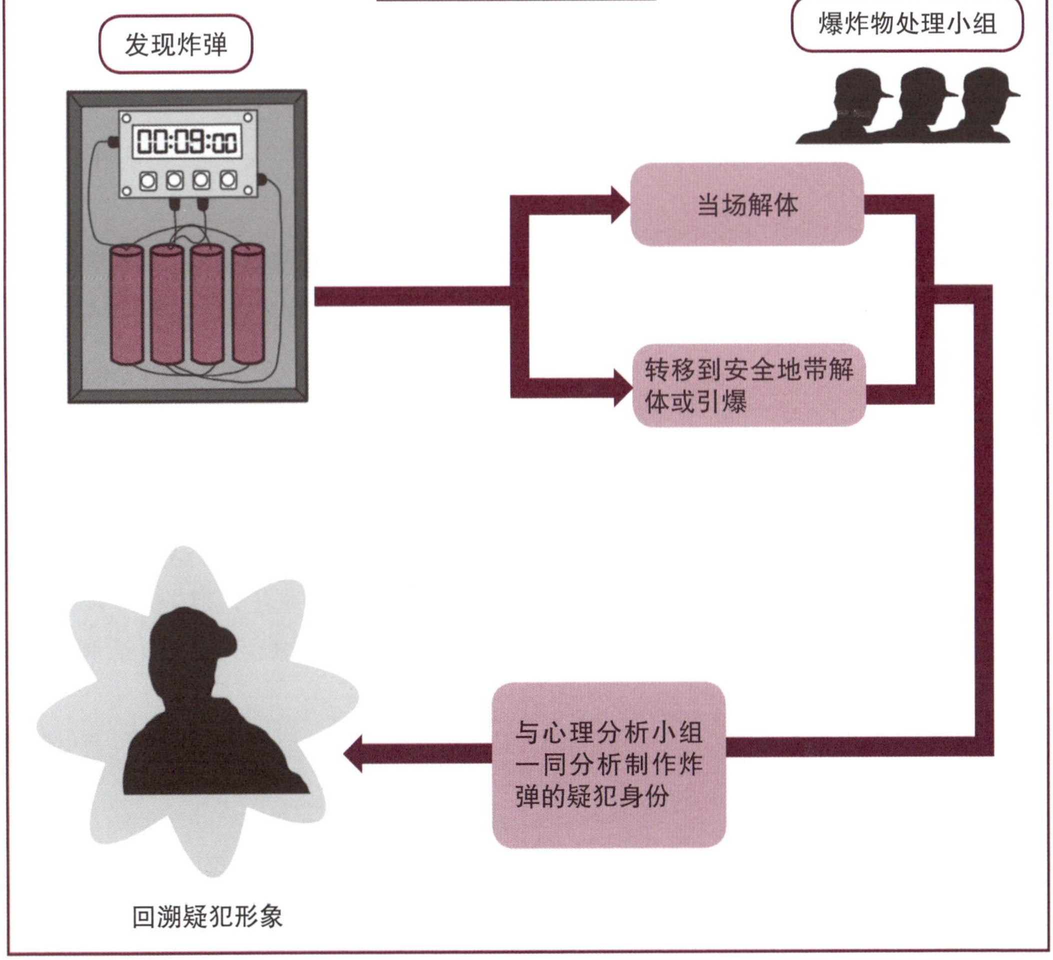

No.014 暗杀案

暗杀往往是针对一些具有一定的知名度、身份的人，这些人往往会影响到某些政策的实施，甚至是地区的局势。特警在此时会负责这些人的警卫工作，防止暗杀案的发生。

有针对性的暗杀案

1981 年 3 月 30 日 14 时 25 分，精神病患约翰·欣克利向美国第 40 任总统里根连开 6 枪，其中 1 发子弹击中了里根的腋下，距离心脏只有 1 英寸，里根也因此得以幸免，此案震惊世界。

这起事件发生以后，许多名人感到恐惧，因为他们不知道何时何地会遭到暗杀，而且一旦被盯上就很难幸免。

在许多影视作品中，杀手往往被塑造成为了达到目的而不惜牺牲性命的硬汉。不过现实中却与之大相径庭，大多数暗杀者并没有那么深刻的背景，一般情况下杀手要么就是暗杀目标的超级粉丝，要么就是为了追求自我认同感而专挑名人下手。

名人的范畴很广，包括了政界、商界大亨、演艺圈明星等等，特警中的护卫小组的主要任务，就是保护这些社会名流的安全。护卫人员会根据任务需要，分散成不同小组行动。随身护卫的人员会紧紧跟在保护对象的身边，他们的任务是在保护对象遇到危险的时候，迅速地将其带到安全的地方。

还有一些护卫人员会在按照保护对象的行程安排，更早地到达目的地，与现场的相关人员进行协调，并对现场周围进行搜索，寻找出有可能存在的危险。负责监视的人员主要负责对当事人需要停留的地方进行监控和警戒。另外，还有心理分析小组的人员会在后方支援，他们会分析可疑的电话和邮件，寻找出可能多的相关信息，尽可能地避免暗杀案的发生。

护卫小组的任务

- 与护卫对象同进同出
- 遭到攻击的时候迅速将护卫对象转移到安全区域

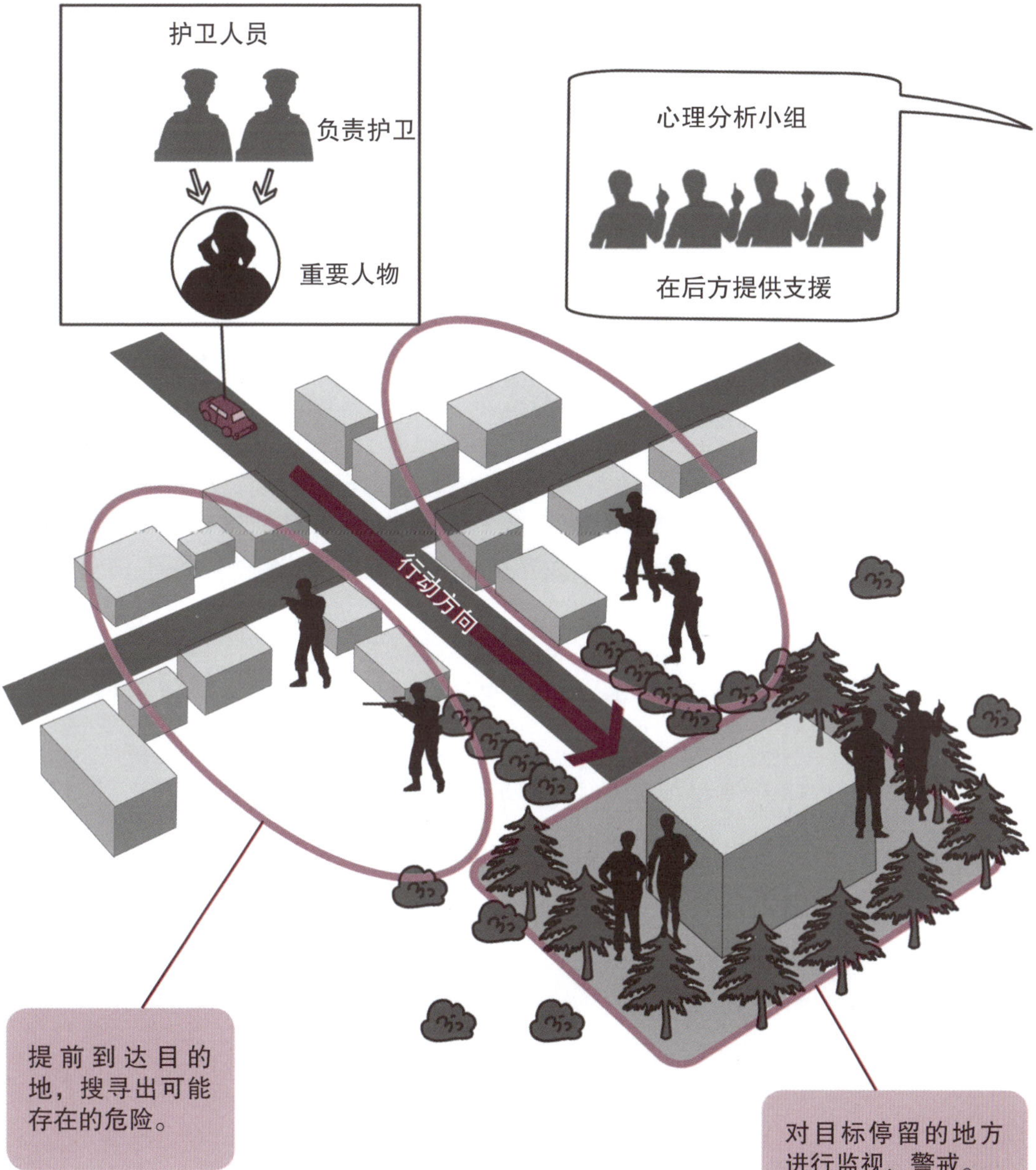

No.015 如何审讯疑犯

就算逮捕了犯下重罪的疑犯，也并不意味着案件到此结束，为了让疑犯受到法律制裁，还需要想办法令疑犯承认自己的罪行。

审讯人员的任务

无论是哪种类型的犯罪，如果没有足够的证据和疑犯的供词，就很难对疑犯量刑定罪。尤其是在某些案件中，即便证据能证明疑犯与案件脱不了干系，但是如果疑犯一再否认，法官也很难对其量刑处置。

因此，疑犯的供词就显得十分重要。想要取得疑犯的证词并不容易，许多疑犯会百般抵赖，谎话连篇，这时候就要靠拥有专业的审问技巧的审讯人员来识破疑犯的谎言了。

审讯人员并不会在抓到疑犯以后立即开始审问，而是先搜集一切与案件相关的信息，通过证人的证词和证据已经可以断定是疑犯确实作案时，才会开始审问。

在一些电影与小说当中，常常会看到审讯人员通过高压的方式来审问。最常见的情形就是在黑漆漆的房子当中，用强光照射疑犯的脸，并逼迫其招供。还有一种就是唱双簧的方式，一个审讯人员声色俱厉，像凶神恶煞一样逼迫疑犯招供，而另一个则会不断阻止同时的挑衅行为并向疑犯道歉，博取疑犯的信任。

然而，这两种方式在现实中起到的作用十分有限。尤其是有些疑犯在否认作案以后，常常会胡说八道，甚至诬陷他人。

而专业的审讯人员会在审问过程中通过与疑犯的对话找出其作案动机和目的，试着理解疑犯作案时的心态，与疑犯进行心灵层面的沟通，尽可能地让疑犯主动招供。

审讯人员的任务

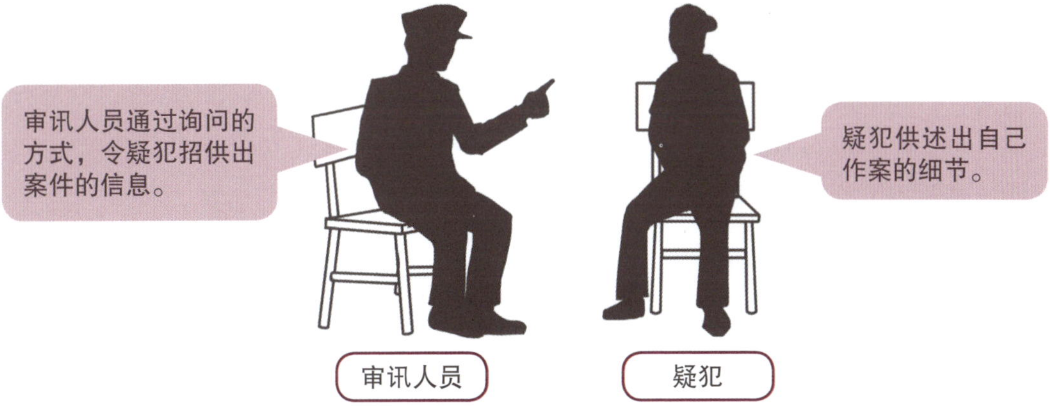

影片中审讯

专题：影视作品中的特种警察

近年以来国外出现了大量讲述特种警察的影视作品。比如说《美国联邦调查局》、《反恐特警组》、《犯罪现场调查》、《犯罪心理》等。这些影视作品受到了广大观众的一致喜爱和支持，许多人对其中所表现出来的不为人知的特警生活产生了极大的兴趣。

在我国，同样也有许多描述特警生活的影视，比如，内地的《武装特警》、《女子特警队》等，香港的《谈判专家》、《法证先锋》等。这些作品掀起了国内此类影视的高潮。

为什么此类影视作品会产生如此大的影响力？正是因为在这些作品当中充分而巧妙地将现实生活与戏剧表现融合在了一起，整个剧情又围绕着人们颇为感兴趣却又甚少了解的一些特警部门展开，既不失以往警匪片的悬疑与惊险，又能刺激人们对未知的渴望。

随着火热程度的不断上涨，这类作品的类型也日益全面，表现的对象也从一开始的攻击小组扩展到了包括心理分析小组、谈判小组等部门，几乎将特警中的各个部门都呈现给了观众。

有一些观众会发现，国内外的同类作品中差异很大，无论是案件类型还是侦破方式，都有着明显的差异。这是为什么呢？

其中最为主要的原因，应该是不同地区的犯罪形态都不尽相同。国外的作品多以枪击案和离奇的犯罪为主，然而这类案件在国内十分少见。因此，在剧本创作、拍摄方式、案件类型上都要因地制宜，否则观众很难把影视中的案件与现实生活融合起来。

在拍摄中，演员需要使用平时接触不到的枪械，并且还要做到有模有样，以免让观众感觉到做作或者假。

为了解决这个问题，制片方会在拍摄当中找到现役或者退休的特警担任顾问。

第二章
特警的武器装备

No.016 特警使用什么样的枪械

在有关特警的电影和小说当中都能看到形形色色的枪械，然而在实际中却并非如此，甚至在许多办案现场会受到一些规定的限制，能够携带的枪械有限。

基本配备

1997 年，美国洛杉矶郊区发生了一起银行抢劫案。包围银行的警察和两名身穿防弹背心，使用军用突击步枪的疑犯发生了激烈枪战。枪战中使用了上千发子弹，有 12 名警员和 8 名平民受伤。最终，一名疑犯自杀，另一名在被捕后因为失血过多死亡。

枪战持续时间太长，是造成警员和平民受伤的一个很大原因，在案发初期警方的应对方式也有不妥。紧急赶往现场的刑警和普通警员，只携带了火力不强的手枪和霰弹枪。面对身穿防弹背心，有着强力军用枪械的劫匪，根本无法将其制服，也无法阻止其抢劫银行。

在案发现场的警员不可能像影片里表现的一样，打开警车的后备箱，就能拿出自动步枪开始射击。刑警和普通警员所使用的最基本装备还是手枪。因为警察持枪的目的是为了保护普通民众，阻止罪案发生，因此携带枪械必须要合乎法律规定。即使是特警也不例外，在防卫的时候可以开枪，但是不能二话不说就打死疑犯。

所使用的枪械种类也有限制，只能使用警用的制式装备。警员不可能像电影、小说里的人物一样随意选择符合自己喜好的武器装备，只有少部分的特种警察在这方面有特权。比如，攻击小组在解决对峙事件、挟持事件等重大案件的时候，会获得使用冲锋枪、自动步枪的许可，就算是携带的手枪，也是经过改良的版本。

警匪之间的对抗

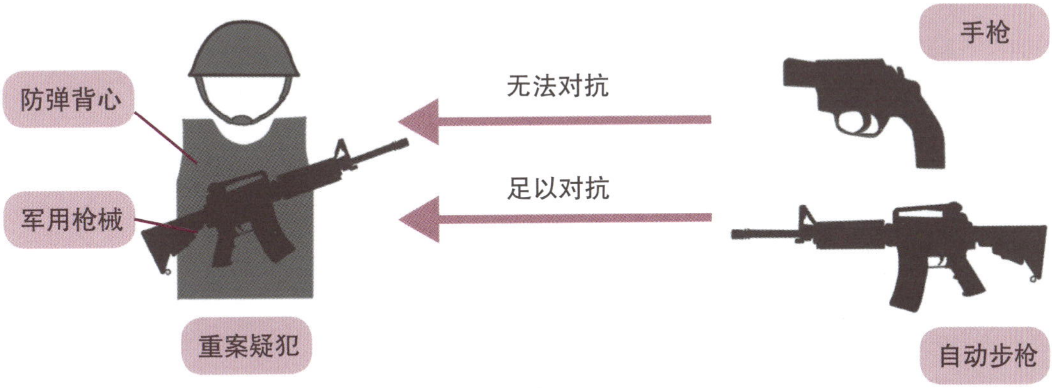

特种警察的枪械

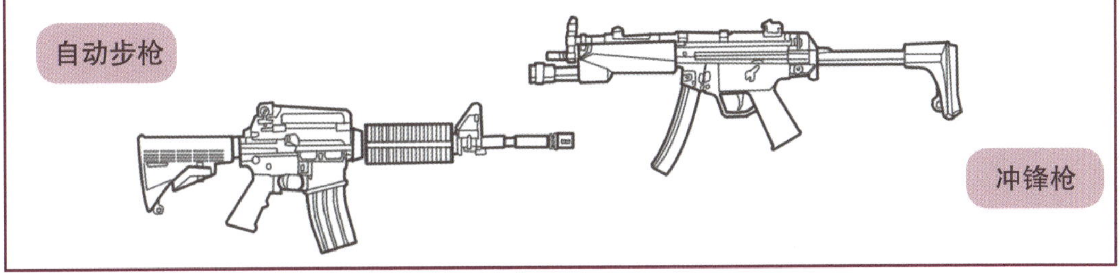

改造枪械

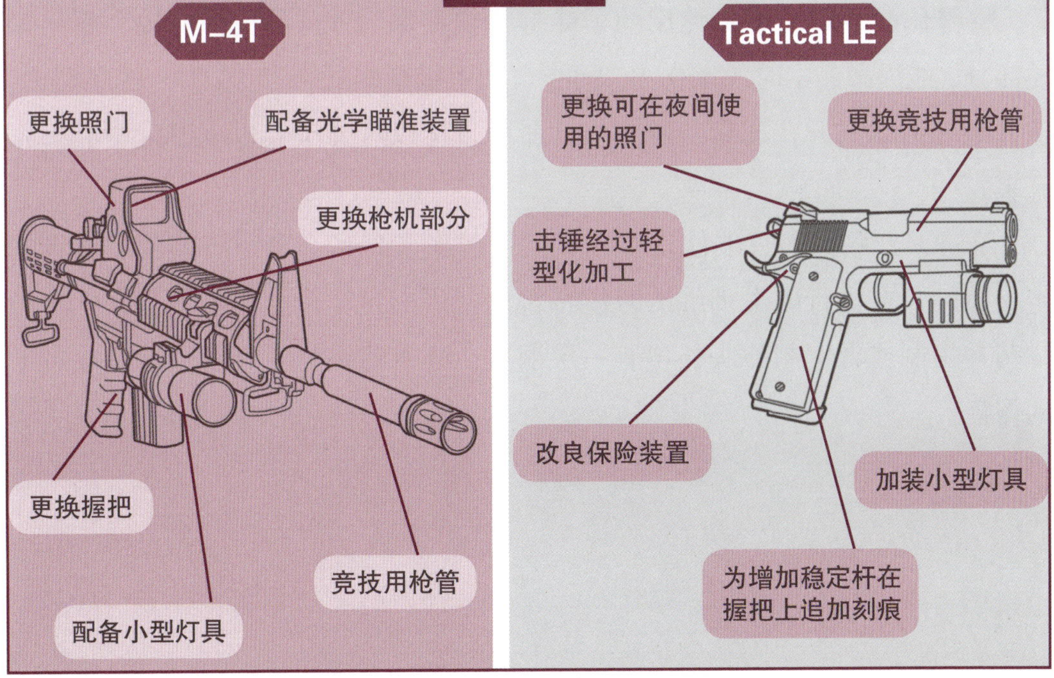

No.017 特警们使用什么样的弹药

特警在射击目标的时候，为了防止目标继续行动，将其对周围的伤害降到最低，必须第一发就准确地命中目标。因此，特警在执行任务的时候非常重视选择弹药。

有别于训练时的弹药

在执行任务的时候，警员直接开枪击毙疑犯的情况并不常见。不过，身为警察，平日的训练总要为万一出现的状况做准备。口径越大的手枪使用的时候就越困难，口径太小的手枪又不适合特警用来阻止疑犯。因此，9.65 毫米转轮手枪和 9 毫米半自动手枪最受特警们喜爱。

另外，特警们除了要挑选手枪，在不同的任务当中还会选用不同种类的子弹。一般来说，铅弹是最适用的，这是因为铅的密度高，在命中目标后弹头会扩张，对人体造成严重的损伤。

不过，暴露在外的铅弹弹头碎屑会附着在枪管和枪机上，有可能对枪械造成损害。同时为了防止警员可能呼吸到开枪时带出的铅末，损害呼吸器官，特警们所使用的主流弹药是以铜皮包覆铅弹头的被甲弹。

特警们配合转轮手枪使用的子弹是“软尖弹”，这种枪弹前端会露出铅质部分，能提高命中时的杀伤力。而半自动手枪则多配合“空尖弹”一起使用，这种枪弹前端有开孔或者特殊刻痕，命中目标以后弹头会以刻痕为中心扩张开来。

不过，这些弹药只能使用在重大案件的案发现场。考虑到弹药的成本和走火风险，在进行射击训练的时候特警们使用的是“全金属被甲弹”。这种弹药在铅制或者钢制弹头外包有一层铜皮，其目的是为了不对目标造成过度的伤害。

铅弹头的扩张

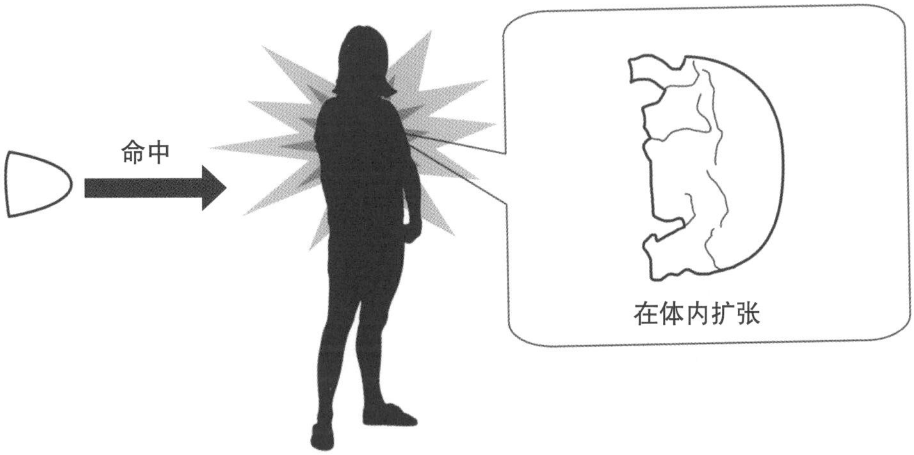

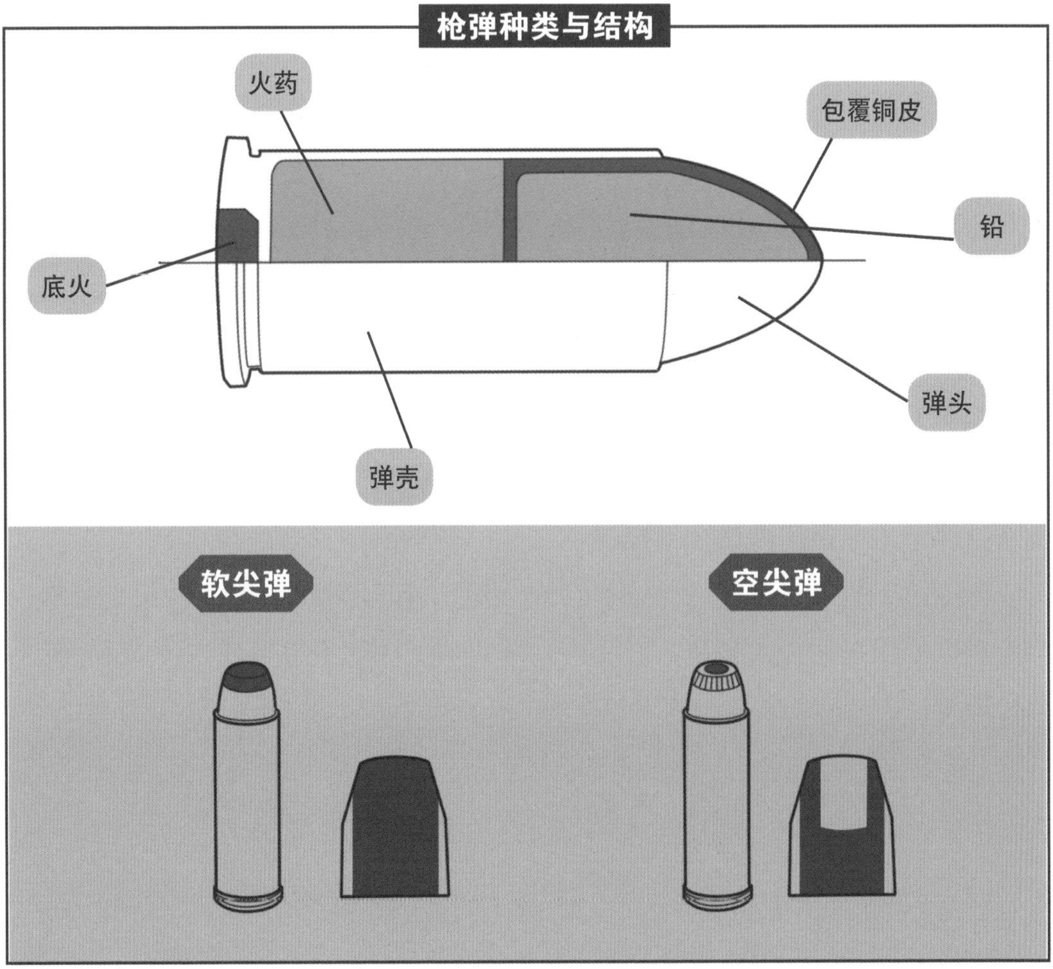

No.018 特警们一般使用多大口径的弹药

手枪的子弹种类有很多，有 9 毫米、9.65 毫米、11.43 毫米等口径。一般认为口径越大杀伤力就越强，但是实际上却不一定。口径越大的枪械后坐力就越大，射击时更难控制。

警用弹药

1971 年好莱坞拍摄的《紧急追捕令》是新警察电影的代表，主角携带的 .44（11.2 毫米）麦格农转轮手枪一夜之间成为全球知名的枪械，电影中 11.2 毫米麦格农手枪巨大的后坐力和火力深深地吸引了观众。此后的许多电影、小说中都描写到了该枪。甚至一些特种警察单位都受到了这部影片的影响，引进了能射击麦格农子弹的转轮手枪。

虽然在实际中的效果远远达不到电影里的效果，麦格农子弹也并不会在办案中使用。毕竟麦格农子弹是为了在狩猎中使用而开发的大威力弹药，和特种警察的任务要求不太一致。特警使用枪械的目的是为了抓捕罪犯，而不是一枪就将其打死。

到了 20 世纪 90 年代，大口径子弹开始流行，在这种思潮的影响下，美国联邦调查局的一些单位开始采用 .45（11.43 毫米）口径半自动手枪。

然而，在特种警察部队中，大口径手枪并不太受欢迎。特警在执行任务中对射击精度的要求很高，如果使用了后坐力强的大口径手枪，加上案发现场的紧张气氛，在射击的时候很容易出现偏差。因此，不到特殊情况，特警部队是尽量避免使用大口径手枪的。

在特警部队中，常用的是 .38（9.65 毫米）口径转轮手枪，以及 9 毫米口径半自动手枪。而在大多数案件当中，疑犯所使用的手枪口径大多为 5.6 毫米口径手枪。

.44 麦格农子弹

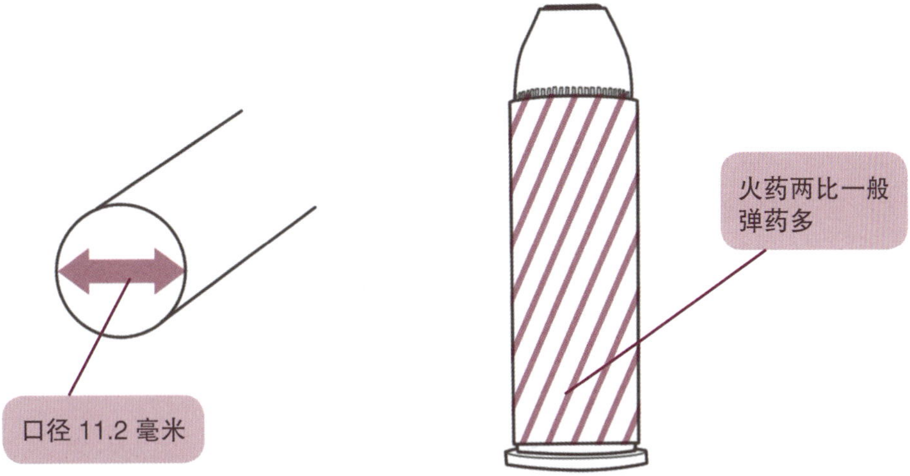

※ 口径指的是枪管内侧的直径

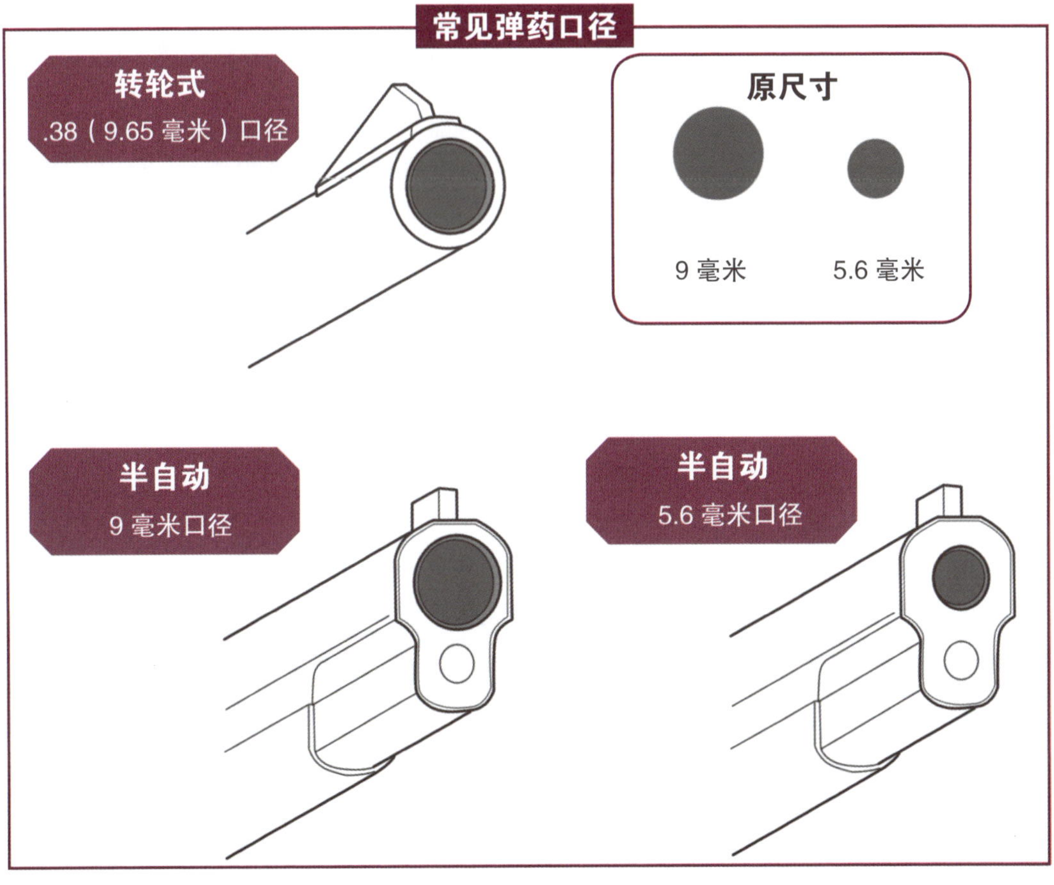

No.019 特警们什么时候给枪械上膛

在一些电影和小说当中，主角会在快要开枪的时候才开启手枪的转轮，或者拉滑套装填子弹。他们为什么不提前把子弹装好呢？

射击前检查装填

在影视作品中，装填子弹的场面往往是具有暗示作用，其真正目的并不在于真实反应射击的过程，而是让观众意识到马上要发生枪战了，提高剧情发展的紧张气氛。

转轮式和半自动手枪的发射功能不同，操作的方式也有很大区别。特警们执行任务的时候，会在到达案发现场前就装好子弹，以备随时开枪射击，绝不会拖延到案发现场以后才开始装填子弹。

转轮手枪在使用过程中，如果过于频繁开启和关闭转轮，容易造成枪支磨耗，甚至引发故障。在有子弹时，转轮手枪只要扣动扳机就能击发子弹，没必要总是开启转轮检查。

特警使用的枪械以 9 毫米口径半自动手枪为主。大多数这种口径的枪械，会在安装第一发子弹以后，自动将击锤调到安全位置。也有一些在手枪拉开击锤时自动关掉保险，虽然这样的设计能够减少开枪射击的步骤，但是相对而言，这种设计的安全性较差。不管怎样，特警在执行任务的时候携带的枪械都是已经装填好弹药的，射击的时候只要开保险、扣扳机即可。

在案发现场的时候，只要将枪从枪套中取出，就可确认是否装填了子弹。使用转轮手枪的人，要确认装填的子弹底火有没有受损。使用半自动手枪的人则需要拉动滑套，确认子弹已经上膛。这两项动作分别称为“转轮检查”、“枪膛检查”，在影视作品中，这两个动作都意味着剧情高潮即将到来。

确认装填的方法

转轮检查

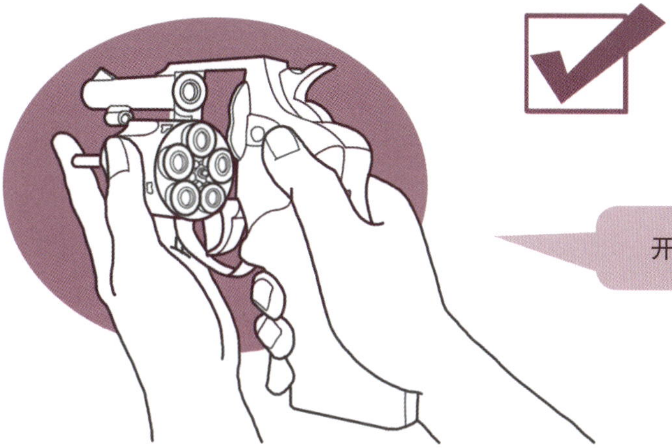

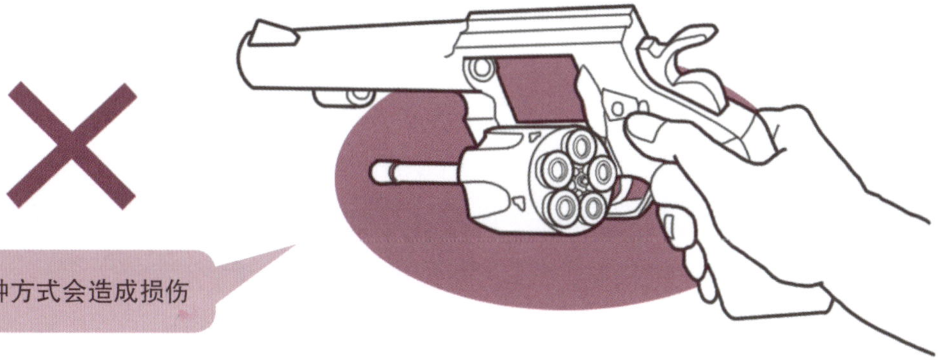

枪膛检查

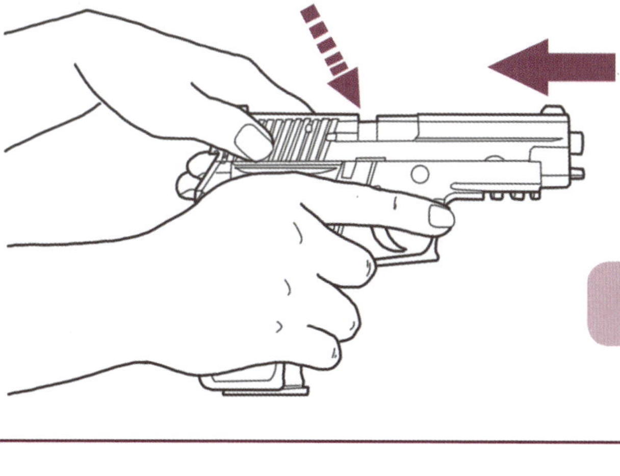

No.020 手枪有哪些类型

特种警察随身都会携带手枪，主要有两种，一种是转轮式，另一种是半自动式。

选择熟知的枪械

由于特种警察的任务比较特殊，需要面对各种重大罪案。随着时代的发展，特种警察也细分了一些必要的专门团队。正如前文中提到的，特警出动的时候并不像电影、小说中所形容的一样，手持枪械直接闯入疑犯窝藏的地点。甚至有一些警员到退休为止，配枪都未曾在执勤的时候开过一枪。

即便如此，特警们在日常也要随时为一切可能发生的案件做好准备，随身携带手枪。谁也不知道什么时候会发生重大案件，还有可能遭遇以前逮捕过的罪犯报复。

警方所使用的手枪主要为转轮式和半自动手枪两种，特警也不例外，不过他们使用的型号比较有限。比如美国的一些特种警察，在规定中可以使用转轮式和半自动手枪，但是允许使用的只有伯莱塔（Beretta）、史密斯威森（Smith & Wesson）、格洛克（Glock）这三家公司出品的枪械。

转轮式手枪使用比较容易，只要扣动扳机就能进行射击。就算在执行任务时情绪高度紧张也不会出现操作错误的情况，而且命中精度很高。虽然装填弹药的数量只有6发，但是枪支容易隐藏，其本身结构也很坚固。攻击部队常常在“CQC”（近身格斗）战术中把转轮手枪当作制敌的武器使用。

半自动手枪的子弹装填在握把当中，装填弹药的数量比转轮手枪多，有足够的火力来应对威胁。不过比起转轮手枪，操作方法比较复杂。尤其是不同型号的半自动手枪操作方式也各有不同，需要经过充分的训练才能保证在突发状况下正常操作。

转轮式手枪与半自动手枪

转轮式

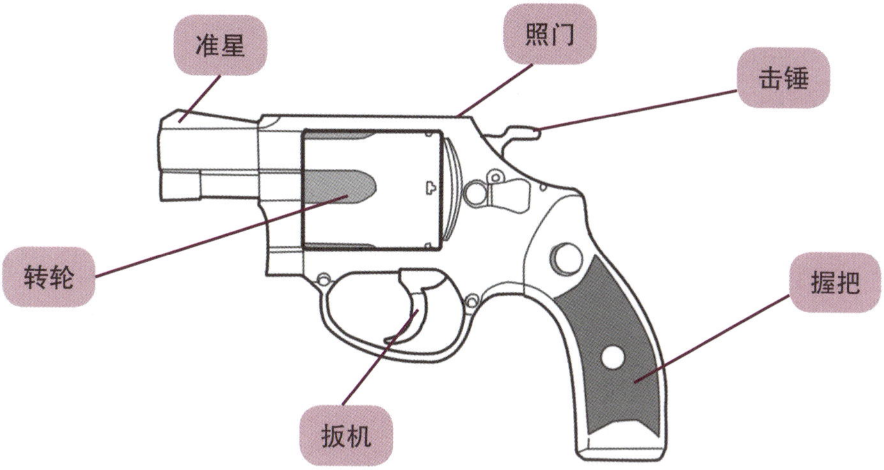

半自动

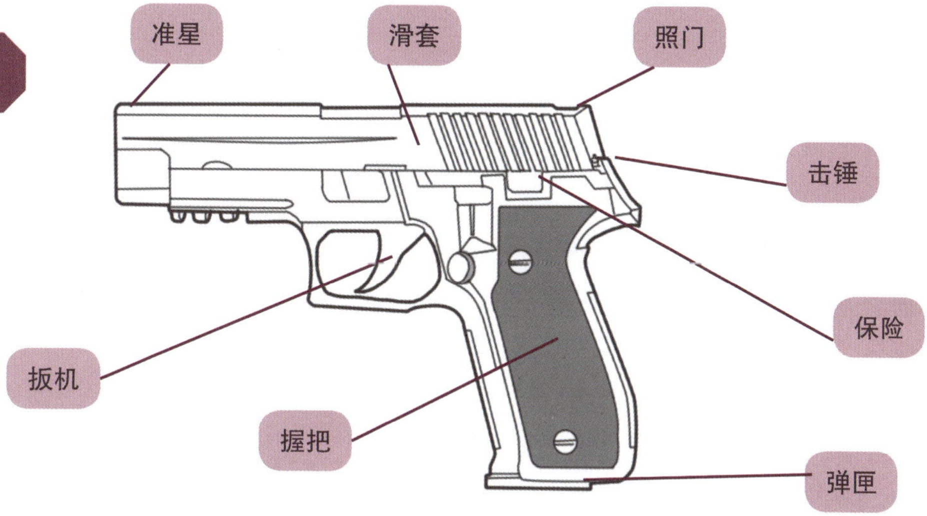

优缺点对比

	转轮式	半自动
优点	操作容易 容易隐藏 命中精度高 结构坚固可以用来敲击	装弹数量多 有充足的火力
缺点	装弹数量少	必须经过充分训练才能保证操作

No.021 如何正确握持手枪

影响握持手枪的因素除了握把的形状以外，还包括当事人手掌的大小。原则上无论怎样握枪，只要能够保证安全、姿势稳定、命中目标就行。

适合个人的射击方式

在一些影片当中为了强调主角的人物特色，主角持枪的方式往往和一般的警员会有很大区别，甚至和常常与自己一起执行任务的搭档也有所不同。

在影片拍摄的过程中，也常常会争论究竟应该注重娱乐效果，还是考虑真实性。有的演员本身喜欢射击，已经形成了自己的一套持枪方式，那么就无需过多研究这个问题了。

持枪的方式在各个时代也有区别，大约在20世纪80~90年代，主流的射击姿势是右手向前伸直，左手弯曲辅助右手。这种姿势是警员们在长期执行任务的过程中发展出来的，不仅能够威吓疑犯，被用来拍摄影片也能带来很强的视觉效果。

后来的影片当中对写实性更加考究，在持枪方式上认为应与演员本身的性格与体形相适应。所以也就出现了一些虽然看起来不怎么威风，但是更加自然的持枪方式。比如，警员在移动的时候会采用双手自然下垂，朝斜下方45度偏移的的持枪方式。

这种现象也同样发生在特种警察身上，起初警员们完全按照规定的标准姿势进行射击，但是因为每个人的骨骼、肌肉都有不同，因此常常会有人在射击时感觉并不适应。

后来对特警们的要求更加讲究命中率，只要警员能够通过长期的训练保证射击的命中率，对于射击姿势的要求不再那么苛刻。但是仍然要限制一些动作，比如，枪口不能随便对人、完全瞄准以前手指绝不许碰触扳机等。

持枪方式

持枪规定

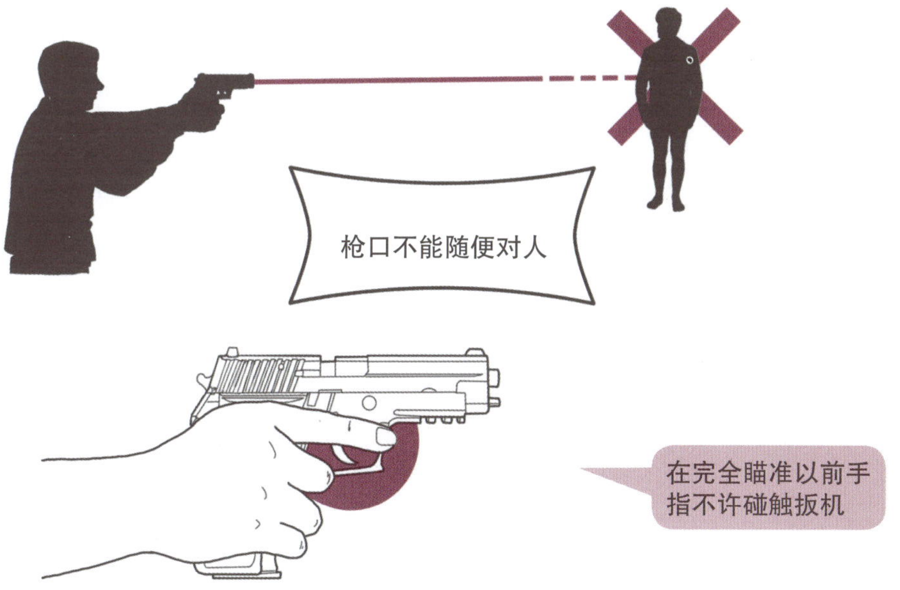

No.022 如何用手枪瞄准目标

要准确地命中目标，必须正确瞄准。然而在执行任务的时候根本不可能像日常训练中慢慢瞄准，必须在瞬间完成瞄准射击。

瞄准的要点

手枪的滑套上装有“准星”和“照门”用来瞄准目标。特种警察使用的转轮式、半自动手枪多采用固定的准星和照门。采用固定式瞄准器具是因为特警在任务中射击的时机很短，转瞬即逝，首要的目标是如何迅速让子弹命中疑犯，将其击倒，根本没有多余的时间去调整照门。

在射击时，不管特警使用怎样的姿势射击，只要能命中瞄准部位的周围 5 厘米以内就能发挥出足够的威力。瞄准的关键在于瞄准器，要点在于三点一线，目测的时候，要让照门凹陷的部分与准星凸出的部分完全重叠，将想要射击的部位对准这两点的延长线。

扣动扳机的方式也非常重要，肉眼瞄准的焦点很难同时对准照门、准星、目标，因此在射击的时候，必须将注意力集中在准星上，迅速稳定的扣动扳机。如果扣动扳机的力度太大，就会改变手腕的角度，使得枪口偏移，命中的位置也会有些偏差。

使用瞄准器进行射击是最为基础的技能，攻击小组的成员平时会进行大量不使用瞄准器的射击训练，在射击的时候观察目标，随后迅速调整自己的姿势，完成射击。通过这种训练方式，会令特警在射击的时候形成肌肉记忆，整个射击动作会形成固定的角度、力度。这种射击方式在他们执行任务的时候，能够有效减少瞄准目标所用的时间，尤其适合在近距离、夜间、狭小空间中进行射击。

准星与照门

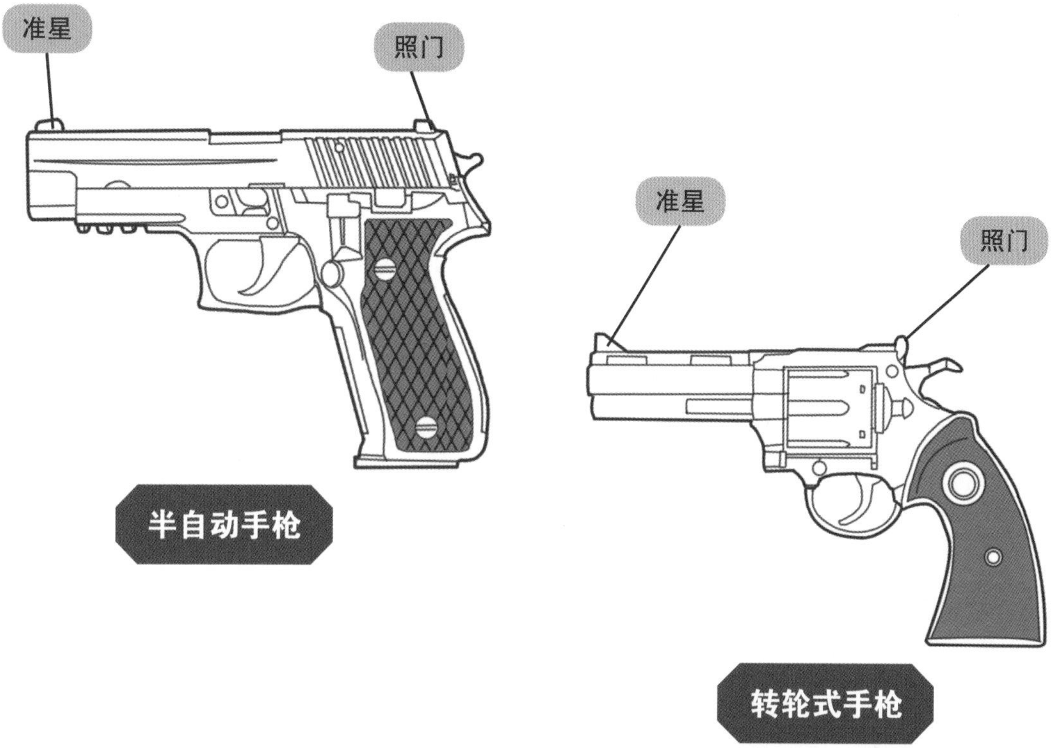

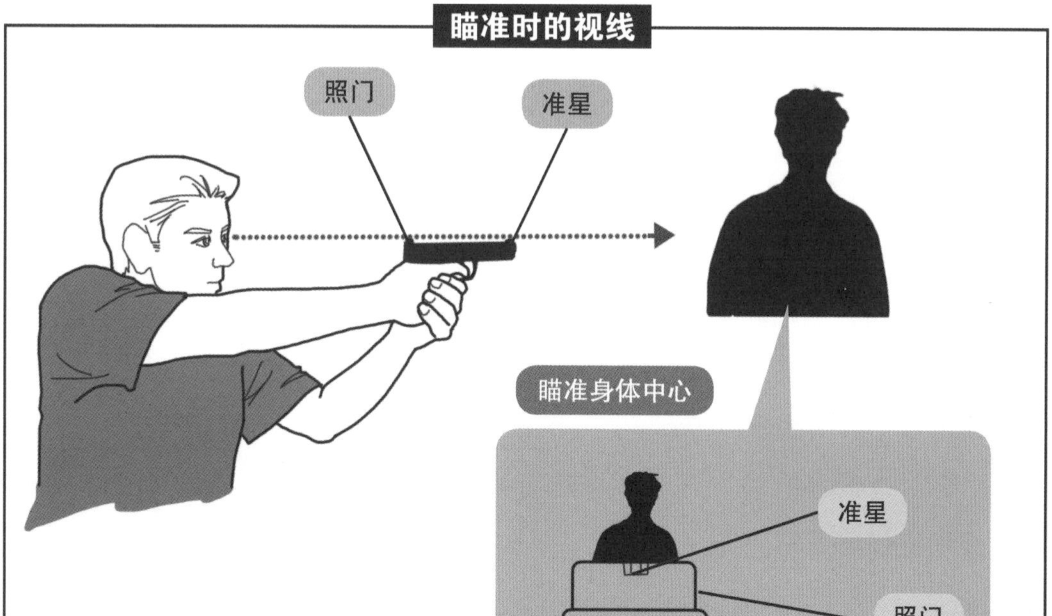

No.023 怎样携带手枪

有时候在逮捕重案疑犯的时候，警员可能会与疑犯正面相遇，此时必须要迅速地拔枪瞄准对方，避免自己的枪被夺走。因此，特警必须谨慎地选择枪套，方便自己携带手枪。

选择适合的枪套

在电影和小说当中，常常会看到警员将手枪挂在腋窝下，这种枪套是肩挂式枪套。还有一些黑帮火拼或者职业杀手会直接从西装里兜里掏出手枪。

但是对于去案发现场执行任务的特警来说，肩挂式枪套却并不实用，因为在遇到紧急状况的时候，无法快速地拔枪反击。要从肩挂式枪套中拿出枪，并进行瞄准射击，将整个拔枪动作分成了两段，会影响瞄准的速度和精度。

在特警部队中，比较普及的是腰挂式枪套。使用这种枪套可以将手枪挂在腰带上或者背后，只要一拔枪就能立刻将枪口对准正面。与肩挂式枪套相比，使用腰挂式枪套能够令拔枪动作更加简洁迅速，而且拔枪时误触扳机的风险要小，可以避免误伤旁人或自己，比较适合在人群中或者室内使用。

在攻击小组和狙击手当中，腿挂式枪套更受欢迎。这是因为他们所处的作战环境比较特殊，而且在执行任务的时候要做好防止意外状况的准备。

攻击小组手持步枪冲进疑犯隐匿藏身的地点时，由于地形或者故障原因，需要迅速换装手枪自卫。此时如果使用腰挂式枪套，手枪有可能被身上的防弹背心卡住，无法完成迅速拔枪的动作。

训练有素的攻击小组成员会将手枪佩戴在大腿后方，因为这个位置能够保证重量平衡，即使在爬楼梯、快跑等激烈运动后也不至于移位。使用腰挂式枪套的时候，要拔枪必须得弯曲手肘，而从大腿后方拔枪的话，只要手臂下甩就可以了。

总之，携带手枪的方式会根据特警具体任务的不同而变化，并没有某种规定必须要如何携带。

各种枪套的拔枪动作

肩挂式枪套

腰挂式枪套

腿挂式枪套

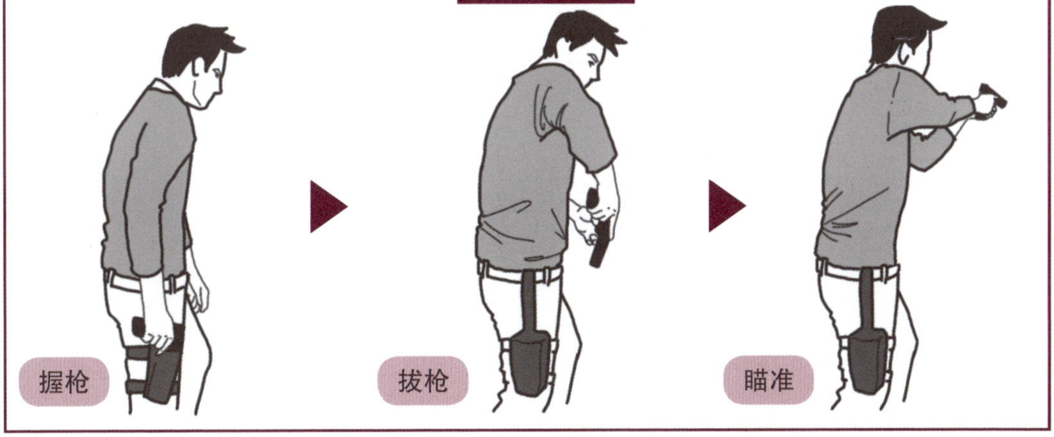

No.024 手枪子弹打完怎么办

在枪战中，有的警员可能会因为惊慌打光所有的子弹。为了避免这种状况，在射击训练中会教导警员，务必在射击中记清楚已经发射的弹药数量，以及如何在打光子弹后快速更换预备弹药。

时刻注意弹药数量

不论是转轮式手枪或者是半自动手枪，能够装填的弹药数量都很有限，不可能像影片当中任意射击。不同种类的枪械，能装填的子弹数量也不同。无论是 6 发、8 发、还是 15 发，总体数量都比较有限，不可能满足任意射击的需求。

尤其是特种警察，在使用枪械时必须要遵守严格的规定。一旦到了必须射击的情况，事后也要接受射击是否正当的调查。就算是遇上持有武器的疑犯，在不得已的情况下进行了反击，如果反击造成对方身上过多的伤害，也会因为违反纪律遭受处罚。如果伤及到周围的无辜平民，造成的危害就更加严重，将会给整个警方的公信力带来严重影响，造成这种情况的警员也会受到严厉的惩处。

从资料来看，在真正的枪战中，警匪双方都不可能无节制地射击。就连常常面对重案疑犯的攻击小组，也很少会出现将手枪里的子弹全部打光的情况。反而是拔枪威吓，不发一弹便逮捕疑犯的几率更高。

当然，特警本身就是为了最坏的情况做准备，越是经常遭遇重案疑犯的团队，在用枪方面的要求也就越复杂。这些团队使用枪械的机会比较多，在射击训练中，必须不断积累和适应各种状况的经验、技术。

在执行任务的时候，警员会视情况自行判断装填弹药的时机，经常是在还有少量子弹的时候就会装填新的弹药，尽量避免将子弹全部打光的状况。因为这样可能会让整个团队和无辜的民众陷入危机当中。

装填弹药

影视作品

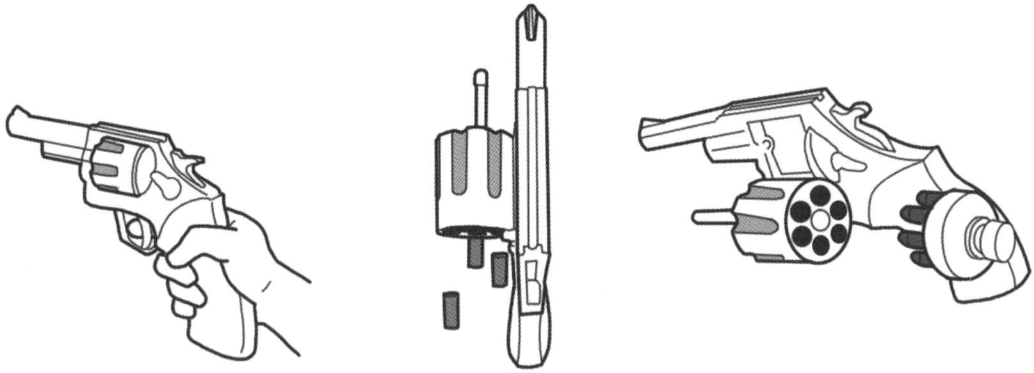

打光子弹 → 倒出空弹壳 → 用快速装填器装填

现实

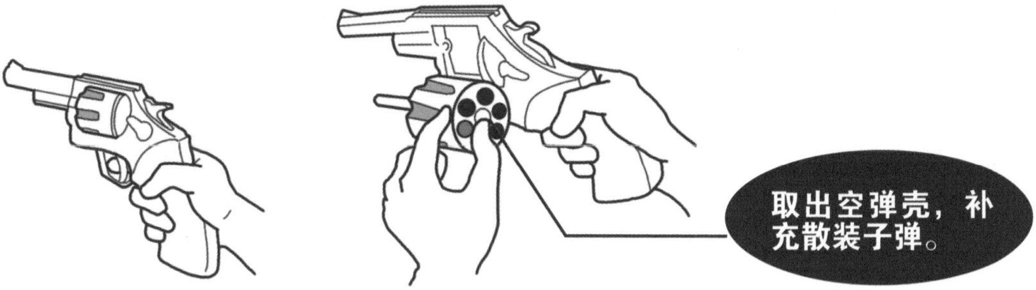

发射 3、4 发子弹 → 一颗颗装填

射击规范

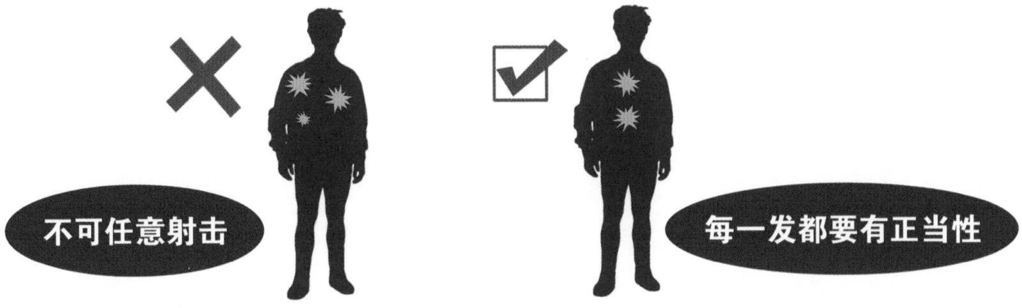

注：通常使用半自动手枪的警员，会在弹匣还剩两三发子弹的时候就更换新的弹匣。

No.025 应该携带多少备用弹药

在描述警匪枪战的影片当中，主角常常会在遭到疑犯攻击后拔枪反击，很快打光枪里的子弹，然后拿出预备子弹重新装填，现实中是否也是这样呢？

有限的备用弹药

由于特警所执行的任务大多都具有相当的风险，因此他们会随身携带手枪。在案发现场，警员必须要确保自身安全并担负起保护平民的责任。为了避免一些危急状况发生，警员身上还会携带一些备用弹药以防万一。

使用转轮式手枪的警员，通常会携带散装弹药或者一次装填多发子弹的快速装填器。在需要装填子弹的时候开启转轮，如果转轮内剩有子弹，通常会迅速手动装填散装弹药；若已经打光了子弹，便会在排出空弹壳以后，将快速装填器对准转轮的空腔，将子弹推进转轮，然后解锁装填器就能完成装填。

按照这样计算的话，使用转轮式手枪的警员身上最少要携带 6 发备用的散装弹药以及一套备用装填器，加上已经装填的 6 发，足有 18 发子弹。

使用半自动手枪的话，装填就容易很多，只需要退出弹匣，更换新弹匣就行。只要枪膛内还有子弹，扣动扳机就能继续射击。以常见的警用 9 毫米口径半自动手枪来说，一个弹匣里可以装填 15 发子弹。一般外出会携带两个备用弹匣，加上已经装填的弹匣，随身能携带多达 45 发子弹。

按照这种数量的备用弹药，已经能够保证行动中的火力，足够完成任务了。警方在执行任务的时候都是集体出动，以一个团队有 4 人为标准计算，子弹数量有 72~180 发。毕竟现实中像电影或小说中那样激烈的枪战并不常见，如此的火力已经完全足够应对突发事件。更何况在大多数情况下，疑犯会在警方开始射击之前就会选择投降。

通过快速装填器装填转轮式手枪

快速装填器

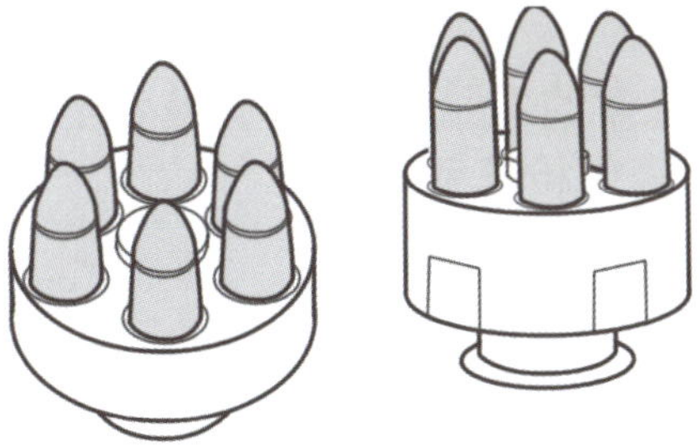

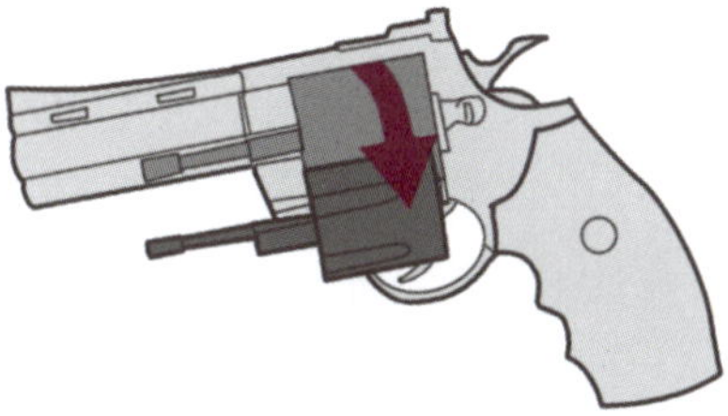

1、排出空弹壳

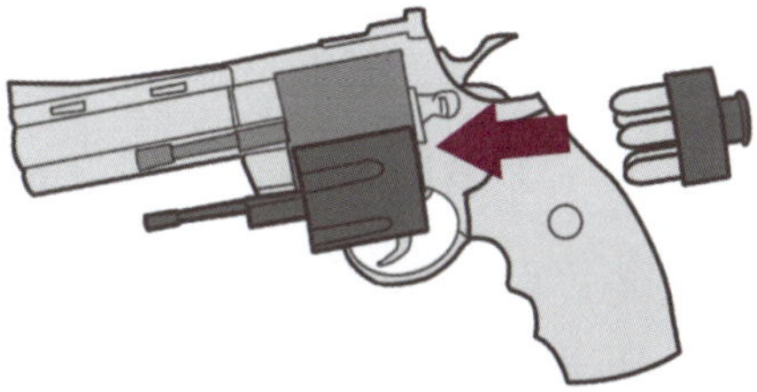

2、将快速装填器对准转轮的空腔

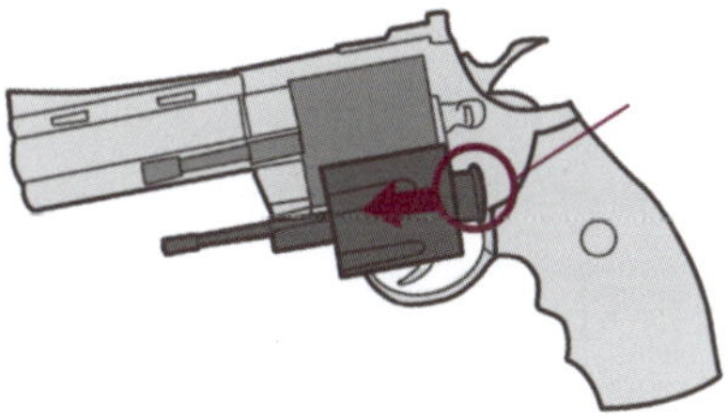

3、送进弹头后解锁

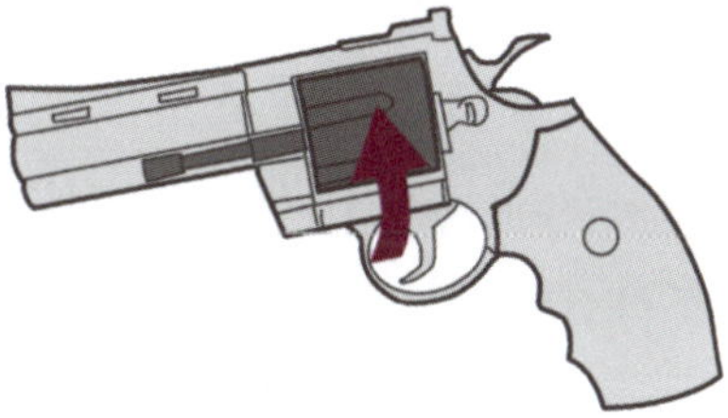

4、将转轮送回原位

半自动手枪的装填

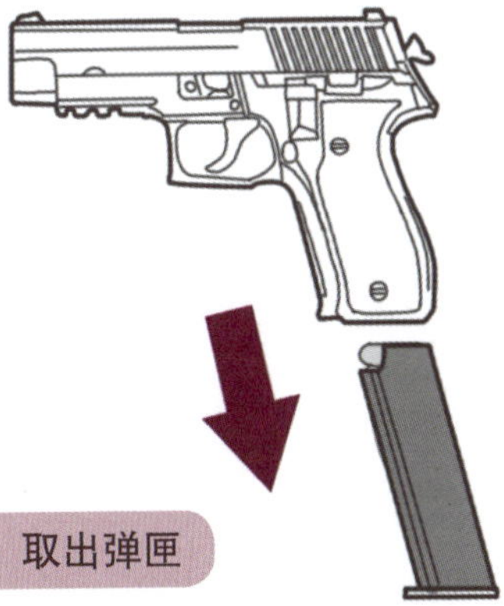

1、取出弹匣

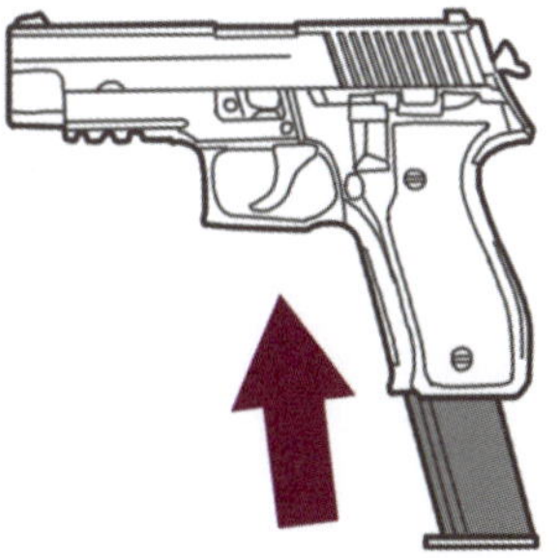

2、插入新的弹匣

No.026 怎样正确持用手枪和手电筒

处于 24 小时待命的特警，会事前将手电筒安装在枪身上，而其他的特警则会分别携带手枪与手电筒。

注意谨慎照明

特警执行任务的时候，有可能会面临各种不同的环境。如果是在夜晚或者去阴暗的地方执行任务，就需要照明。特警在照明的时候也有所讲究，通常会右手持枪，左手持手电筒。在无需使用手枪的时候，会将手枪放回枪套中，以左手持手电筒，空出右手保证在出现意外情况的时迅速拔枪射击。

另外，根据任务性质的不同，手电筒的握持方法也有区别，比如。攻击小组在突袭疑犯的藏身之所时，必须要进行冲锋、打开门窗、与疑犯格斗等动作，因此必须空着左手。这种情况下，他们使用的手电筒会安装在枪身下，持枪的右手可以控制光线的强弱。

相对而言，在搜查案发现场的遗留物和证据，或者是搜查逃亡的疑犯时，手枪上的手电筒用处就有限了。尤其是在街头或者住宅区进行搜查的时候，如果使用装有手电筒的手枪随处探照，就会令枪口对向周围的平民，必然会造成混乱。

手电筒的握持方法还需要随着现场的危险程度而改变。如果仅仅是进行证据搜集等比较安全的行动，倒是无需注意太多。但是如果疑犯有可能藏身附近的话，在照明时就必须要留意了。

如果毫无顾忌的四处照射，就会暴露自身的位置所在。在集体行动中，四处照射还会暴露出同行队员的位置。

手枪与手电筒的握持方法

一般情况

右手握枪，左手持手电筒

攻击小组

安装在手枪下方

嫌犯在附近的时候

不可以照射队员； ✗

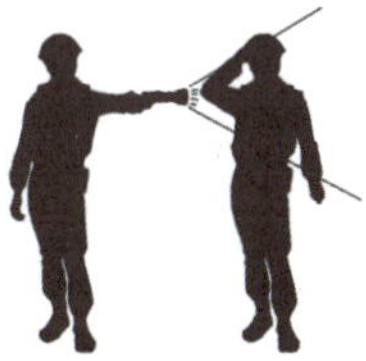

不能随意照射暗处； ✗

只照射前方，在后方持枪小心前进。 ✓

No.027 手枪能够瞄准的最远目标有多远

在一些影视作品当中，主角的枪法往往出神入化，无论多远的目标都能一枪命中。实际上，子弹是呈抛物线运动的，想要命中瞄准点并不简单。

再牛的枪也有极限

与自动步枪、冲锋枪相比，手枪的枪管较短，子弹中火药量较少，因此在射击远处的目标时有着天然的劣势。虽然手枪子弹和步枪一样都是呈缓和的抛物线，但是因为发射时的能量消耗很快，对远距离目标命中的精度比较差，威力也略显不足。

在电影和小说中，主角的子弹简直是想打哪里打哪里，在现实中可没那么容易，距离目标越远就越难命中。另外在实战中射击和打靶也截然不同，疑犯会一边移动一边开枪。警员必须在避免被击中的同时，冷静地瞄准并开枪反击。

在特警部队中，一般认为手枪最合适的有效射程是 25 米，因此会专门针对这个距离进行射击训练。这样训练的目的是为了让警员切身体会弹道的特点。超过 25 米以后，虽然子弹的命中精度有所下降，但是照样会伤人，警方绝对不允许发生流弹误伤平民的情况。

根据特警以往执行的任务统计来看，特警与疑犯进行枪战的距离多在 7 米左右，所以有一些警员对警方进行的 25 米射击训练提出了质疑。无论距离远近，警员都要充分认识自己的装备性能和自己的技战术极限，否则就有可能在现场做出错误反应。

举例来说，如果发生了类似洛杉矶银行抢劫案这样的案件，警员要是不知道疑犯装备了防弹背心和突击步枪，试图用手枪与之对抗的话，只会使案件危害进一步扩大。

现实与训练

一般的枪战距离大约在 7 米左右

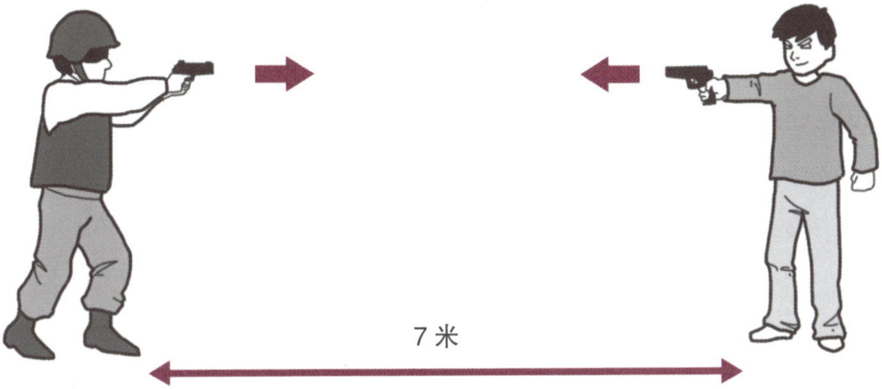

训练时的射击距离是 25 米

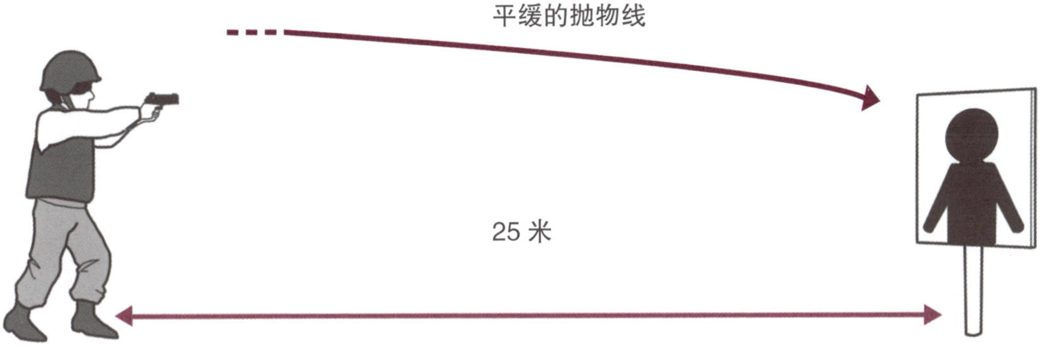

认识装备和技术极限

- 事先摸清案情，包括疑犯的武器装备
- 作为现场判断的参考
- 随机应变

No.028 手枪出现故障如何处理

枪械与其他工具一样，如果不小心保养，就很容易出现故障。尤其是在弹药或弹匣状况不佳、射击方法错误的时候，常常会引发问题。

如何处理枪械故障

枪械故障是使用枪械必须面临的问题，就算枪械平时都细心保养，也难免会由于弹药或者弹匣问题引起故障。比如，弹药的底火或者火药质量不良，在扣下扳机的瞬间就会引发问题。还可能会因为弹药燃烧不全导致卡弹，或者发生空弹壳膨胀，无法排出枪管的状况。

转轮式手枪与半自动手枪相比，发生故障的几率要低很多，因为就算在射击中发生故障，只要继续扣动扳机转动转轮，就可以跳过哑弹，直接射击下一发子弹。

同样的情况下，半自动手枪由于没有转轮结构，发生故障的弹药会卡在枪膛内。要排出故障，首先得确认弹匣装填，然后拉动滑套排出故障弹药，重新装填才行。

就算弹药本身没有问题，半自动手枪也可能会因为弹匣的小幅变形引起供弹故障。在电影中，我们常常会看到主角直接将打空的弹匣弹出到地上，看起来十分帅气。但是，在实际生活中，这样坠落的冲击力可能会使弹匣前端扭曲，影响弹匣的正常使用。

另外，半自动手枪是依靠射击时的排气产生的压力推动滑套后退，并通过这个动作排出空弹壳。如果握枪的动作不对，滑套后退的能量会全部作用在手上。这个看似不起眼的问题可能会引起滑套不完全后退，产生排弹不良的情况。正是考虑到这种风险，特警们在使用半自动手枪的同时，有时也会携带一把小巧的转轮式手枪作为备用枪支。

不经摔的弹匣

电影中

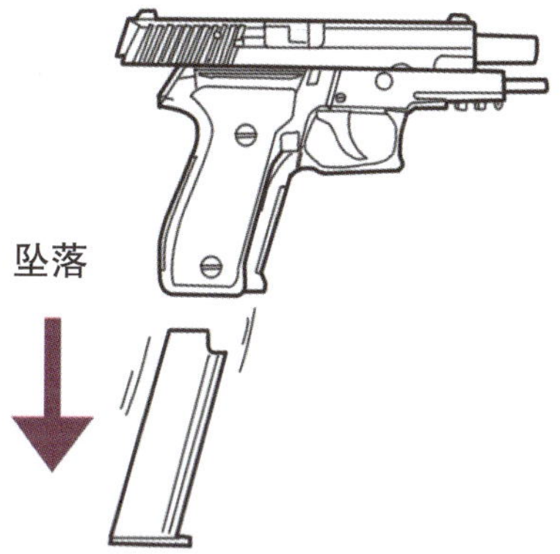

与地面的撞击会导致弹匣变形引起故障

现实中

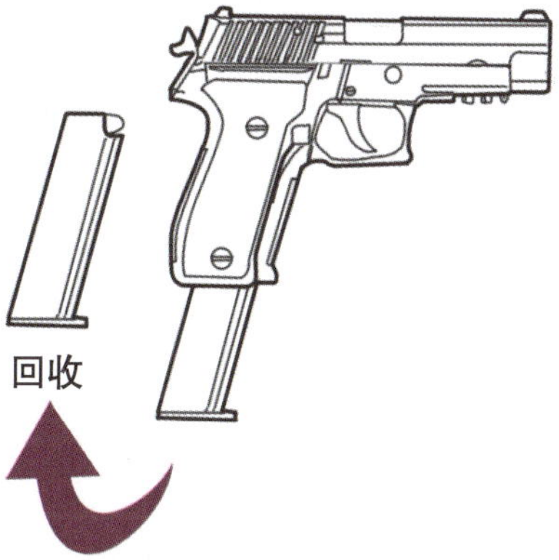

一般在还剩两三发子弹的时候就会拆下更换新弹匣

半自动手枪的系统故障

一般

故障

No.029 射击训练

就算随身携带枪械，如果使用不当，也无法发挥出其应有的威力，在面对疑犯的时候也很难将其制服。因此，特警在平时都会为了应对最坏的情况不断训练。

模拟现实情况进行训练

特警所执行的任务一般难度都比较大，危险性也比较高，因此他们必须要为应对各种情况做好准备。简单来说，就是在面对突发状况时做好拔枪射击的准备。

在执行 24 小时全天候待命的时候，特警们需要出动的时间并不确定，可以说是不分昼夜。在这种情况下，警员的身体和精神都处于高度紧张当中，在判断所遇到的状况时就会出现误判或者错失的情况。

为了避免失误，特警们必须不断训练和积累经验，保证在发生紧急情况的时候减少误判。就算是出现了误判，也能通过训练下意识做出反应。想要达到这样的水平，并不是一朝一夕就能做到的，必须要经过长期的室内与室外训练。

在室内训练时，常会通过调整照明来人工模拟白天、傍晚、深夜等不同状况。特警首先要在室内靶场学习射击基础和熟悉枪械，积累基本经验。

具备了一定射击技术和能力基础后，就要到室外进行符合案发实际的全天候训练。在室外训练中，目标的方向、距离都比较多变，会有各种不同环境的建筑、障碍物，力求完整地模拟真实的现场环境。

此外，还会由攻击小组和狙击手配合训练，进行完全仿真的演习，演习中会像真正的行动一样，会使用闪光弹、催泪弹，并通过不同战术考验特警之间的配合默契。

室内训练

配合防弹背心、手电筒等装备，进行合理训练。

室外训练

全天候、全方位的仿真训练

No.030 射击训练中能学到什么

特警在训练中必须要学习一般警员所不具备的射击技能，经常要接受不同枪械的训练，就算是手枪，也要进行高强度的练习。

提高射击技能

与影视作品不同，刚刚进入特警部队服役的警员在一开始并不会直接进行射击练习，而是要先去上课，学习枪械的构造和正确的射击方法。如果警员不能正确判断面对的情况，特警也就失去了意义。毕竟特警在用枪方面要求十分严格，绝不允许任意射击或者发生误伤平民的射击行为，这会对警方的形象造成损害，警员还可能要面临诉讼。

正因为如此，特警在射击的时候必须格外谨慎，特警必须要完全学习枪械知识、射击技术、团队战术、危机处理等内容，其要求要远远超过一般警员的水准。除此之外，熟知在极度紧张的情况下，呼吸、心跳、动作会对自己的射击产生哪些影响。

新入职的警员必须要从基础做起，从头学习，从手枪的握持方式、姿势、步伐到瞄准的方法、扣动扳机的方式、人体弱点等全面的知识。比如，一般警员在接受手枪射击训练时，会被要求瞄准目标的上半身中央。但是对特警来说，这种精度远远不够，因为有时候需要面对的是穿有防弹背心的疑犯。在这种情况下，特警要准确地命中目标头部或者其他要害部位，迅速击倒目标。

另外在训练中，警察还会被要求“一心二用”，比如，到案发现场的时候，需要一边警告疑犯，一边随时做好开枪的准备。尤其是在近距离面对疑犯的时候，特警必须要准确做出判断，决定应该何时开枪，射击目标身体哪个部位并准确地完成射击。

射击训练前的学习项目

- 枪械的使用规范
- 正当射击的标准
- 握持方式、姿势、步伐、瞄准的方法、扣动扳机的方式、人体弱点等。
- 团队行动训练
- 射击时压力的影响

警告的同时做好开枪的准备训练

No.031 如何保护自己不被枪弹伤到

手枪是特警必不可少的装备，但在遭遇疑犯偷袭的时候，手枪是无法发挥作用的，因此特警会穿着防弹背心来保护自己。

根据任务选择装备

在特警们执行任务的时候，为了保护自己，通常都会装备防弹背心。对于直面持枪疑犯的攻击小组成员来说，防弹背心能在危急关头发挥出关键的作用。而取证人员、心理分析小组等支援型团队则不同，只在需要进入案发现场的情况下才会临时装备。

防弹背心虽然并不能完全防御枪弹的攻击，而且就算阻挡了枪弹，枪弹本身的冲击力仍然会作用在人的身上。一般只有攻击小组装备的，将近 10 千克重的战术防弹背心才能有效防弹，其他人员的防弹背心很难真正实现防弹的效果。

一般的防弹背心，大都会穿在衬衣下面，一方面是避免过于招摇，另一方面希望疑犯能够放松警惕。防弹背心是使用强度五倍于钢板的特殊纤维制成的，因此能够防止子弹贯穿。防弹背心能做的也仅限于此了，既不能完全阻止子弹冲击时的能量，也无法阻挡刀刃攻击。

在进行搜索、突击疑犯藏身处等攻坚任务，或者其他必须要压制对方的任务时，警员会外穿防弹装备。在这种情况下，由于没有隐藏防弹背心的必要，可以采用防弹能力更强的型号。除了装备防弹背心之外，还会搭配使用缓冲材料。在预计会遭到强烈抵抗的情况下，警方在出动前会在胸前和背后加装防弹用的“陶瓷板”，这种装备是用来防止军用特殊手枪弹或者步枪子弹的。

让自己不被枪弹伤到的方法

防弹背心

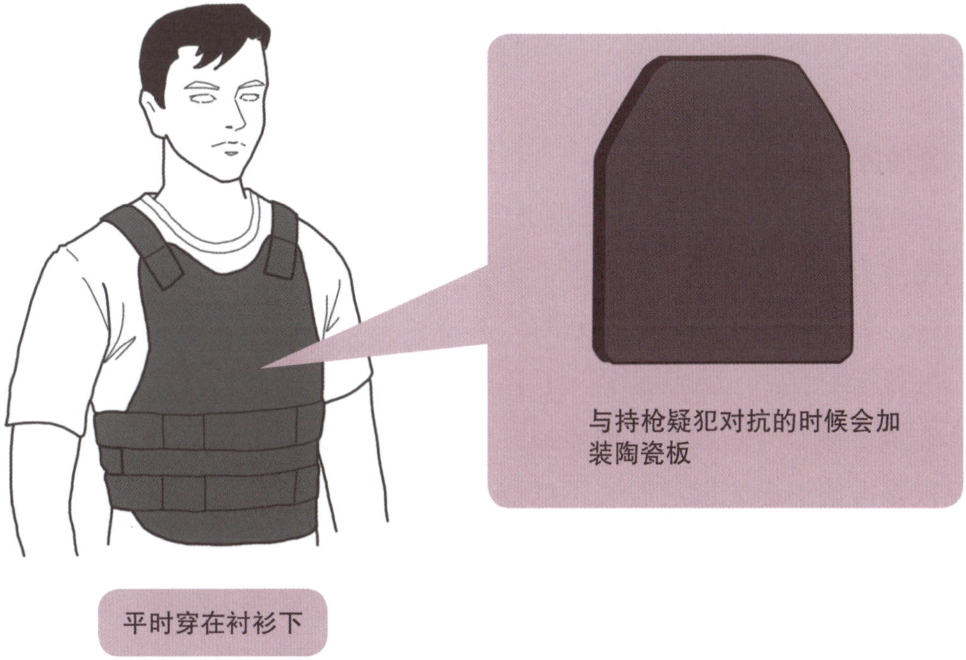

战术防弹背心

又厚又重，加装陶瓷板后能防止军用枪弹贯穿。

No.032 面对持刀对手如何防御

虽然警员遭遇持刀攻击的机会并不多，但是倘若被刀刃重创也会有生命危险。尤其是小型刀具很容易隐藏，警员在执行任务的时候必须格外留心。

警惕持刀疑犯

在电影中发生的枪战，往往很不合乎实际。疑犯分明能够趁机偷袭警方，却偏偏从大老远就已经开始射击，让警方做好准备进行反击。这种场景，是为了达到影片必不可少的戏剧效果。

在实际生活中，疑犯就不一定会光明正大地和警方进行对战了。有的疑犯会在身上藏着刀具或者其他器械，伺机偷袭警员。曾经就有这样的案例，疑犯被警方搜捕出来以后假装不抵抗，后来却偷偷地从工具箱中摸出螺丝刀刺伤警员逃走。

在此种情况下，由于距离太近，很难迅速拔枪反击。在这一瞬间就算拔枪射击也不一定能保证命中疑犯，还可能会误伤周围民众。加上警员的防弹背心虽然能够防御子弹，在面对利器攻击的时候却起不了太大的作用。这种袭击会给警员带来严重的伤害。

为了预防近距离偷袭，特警门会携带警棍等近身格斗武器，可以用来打击疑犯的关节和软弱部位，促使疑犯因为剧烈的疼痛而屈服。警员可以趁机保持安全距离，拔枪制服疑犯。

由于特警们携带一般的警棍会影响他们的行动，因此他们配备的是可伸缩的警棍。特警们会专门针对近身格斗进行大量训练，使他们能轻易制服一般的疑犯。等到技术纯熟以后，手电筒、手枪等都可以当作近身格斗的武器使用。

电影中与现实中的偷袭

电影

在电影中疑犯一般都会从远距离开始射击

现实

现实中疑犯常常会在近距离偷袭警员

伸缩型警棍

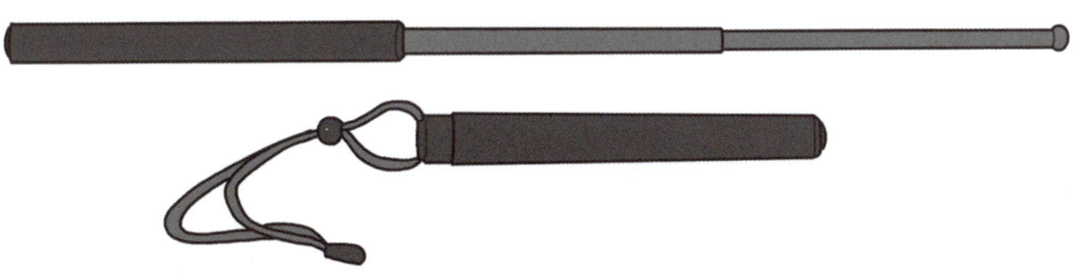

平常都是缩起来便于携带

No.033 黑暗中怎样行动

在搜索案发现场、收集证据、搜捕疑犯的时候，环境因素的影响也很重要，白天行动自然要容易很多。而在夜间行动的时候，为了保证视线，会随身携带小型的强光手电筒。

白天也会携带手电筒

对特种警察来说，手电筒是和手枪一样时刻挂在腰间的必需品。因为许多案发现场通常都是人烟稀少的阴暗环境，如果在搜查的过程中没有充足的照明，很可能因此而错过重要的证据。

警方逮捕疑犯或者是突击疑犯藏匿的地方都是根据案件需要而决定的，不会因为白天或者晚上而改变。由于在突击的时候，不能确定室内是否明亮，如果潜入仓库、地下室、车库等阴暗空间，视线会受到极大限制。不仅会影响移动和搜证，还有可能被藏在暗处的疑犯狙击。

如果要在阴暗的地方执行任务，必然要使用手电筒。以前的手电筒是使用一号或者二号的镍氢电池，外形比较笨重，携带也不方便。现在已经很少有警员会使用这种手电筒了。

特种警察配备的新型手电筒，采用小型锂电池供电，外形十分小巧，尺寸不到一个巴掌，亮度也要比使用镍氢电池的手电筒亮很多。有的特警部队也会选择可充电手电筒。

适合特警使用的手电筒必须具备以下特点，手电筒的材质必须要轻巧坚固，大小要适合单手使用，而且要具备比较强的光线。因为特警用的手电筒不仅需要照亮周围的环境，在遭到疑犯用利器攻击的时候，还可以用来当作近身的格斗武器来使用。同时，强光在黑暗中能够暂时地麻痹疑犯的视觉。

手电筒的种类

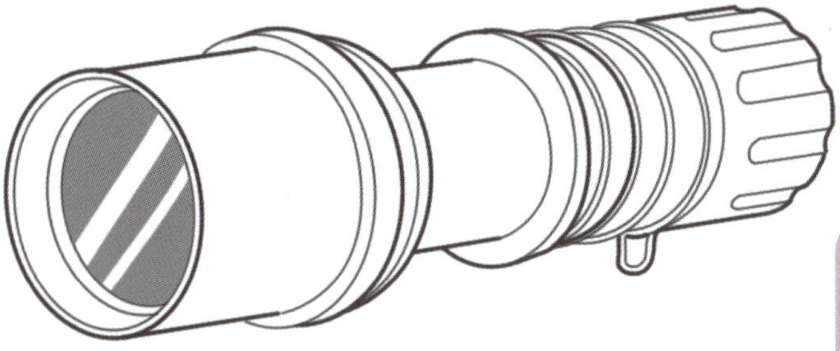

小型锂电池手电筒，长约 10 厘米。

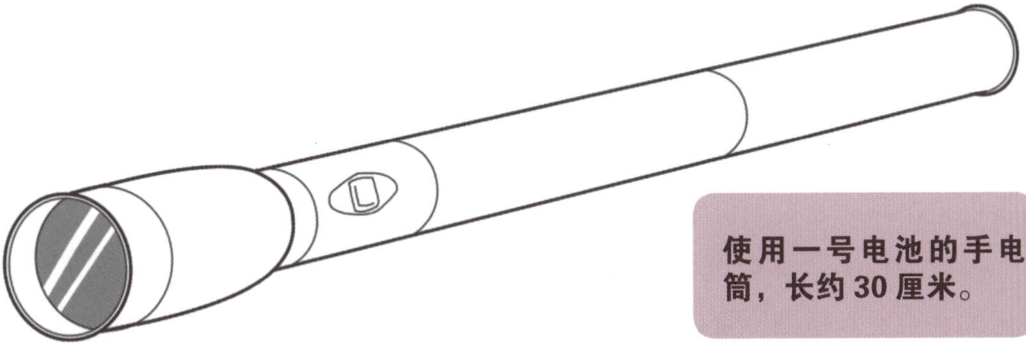

使用一号电池的手电筒，长约 30 厘米。

手电筒的特征

No.034 凭什么判断射击水准

进入特警部队的警员都会受到极为严格的要求，以手枪的枪法为例，特警部队每年都会进行几次技能测试，达不到合格标准的警员就要接受强制加练。

特警们训练的内容

在电影和小说中，常常会出现主角在室内靶场打纸靶的场面：主角站在射击区中，戴着厚重的隔音耳罩，从枪套里拔枪射击。在现实中也的确如此，特警们需要经过长期的固定靶射击训练，但是除此之外，他们还要接受更加严格的训练。

特种警察和普通警察相比，是专门取缔各种危害严重的恶性犯罪的团队。他们在拔枪的一瞬间就要迅速、真实地判断所面对的状况。因此在训练中，特警们也必须学习更加详细和切合实际的射击方法以及战术。

每年特种部队都会进行几次技能测验，借以检查警员的能力是否保持在规定的水准上。检测不合格的警员，必须要接受针对弱项的特别训练。

在技能测验当中有一种战术射击，是特警们极为重要的一项技能。在战术射击训练中，会提前准备许多半身人形靶，用来测试特警射击的速度以及判断的准确性。还会随机更换人形靶手上所持的物品，利用手枪、刀具、手机、啤酒等，培养警员判断目标危险程度的能力。

其他的测验项目有射击移动靶、单手射击等。还会专门模拟手臂受伤的情况，测验警员非惯用手射击或者单手更换弹匣，甚至单手排除枪械装填不良、排弹不良也是测验的项目之一。

另外，在行动中最基本的原则就是团队配合。特警尤其要注意相互之间的支援，警员不能擅自行动。在训练中，团队成员之间的沟通配合、建筑物内外的移动要领、发现目标后的应对方法等都是需要训练的项目。

特种警察的技能测验

人形靶手中持有的物品随机变更

配合行走或跑步的速度移动

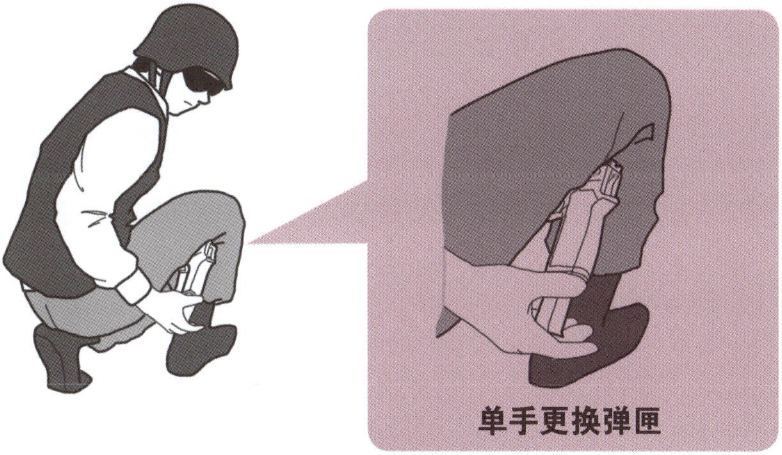

一般警察的射击训练

No.035 躲避子弹的要领

在大多数人的观念中，射击训练就是不断地对着纸靶射击，这也是电影中最常见的射击场景。不过在实际中，更多的是要利用掩体移动并射击。

枪战中的要领

在枪战中，应该尽可能地躲在掩体后面进行射击。警员绝不会向影视作品当中那样直直站立摆着姿势开枪，这是最起码的防止被子弹击中的要领。射击的时候，应该尽量避免将身体暴露在掩体外，在短时间内以稳定的姿势瞄准目标。为了达到这种水准，警员必须彻底了解掩体的种类极其防弹效果，能够及时判断状况并随时移动，更为重要的是，要确保在隐藏的同时瞄准、射击目标。

所谓掩体，是指能够藏身掩护自己的物体，用树木、门窗、墙壁等能够阻挡子弹贯穿的物体都能当作掩体。如果要在不让对方发现的情况下悄悄靠近，必须要善用掩体。在警匪枪战中所利用的掩体大多都是利用所在环境的人造物体。

另外，在战斗中要避免过于依赖掩体。因为在枪战中掩体虽然能够起到保护自己的作用，但是久而久之会使警员对掩体产生依赖，无法在战斗中进行移动射击。

这种心理十分危险，待在同一位置进行射击的话，容易让对方发现自己的位置并集中火力攻击。在特警训练的时候，会在训练场布置车辆、水泥墙、电线杆等各种掩体，训练警员在掩体之间转移射击。

特警的训练过程常常会被全程录像，用来事后研究其中的细节。比如，针对某个警员选择掩体的问题、在掩体后射击的姿势、掩体之间转移的不足等问题进行纠正，同时由警员说明自己选择掩体和射击姿势的依据。

枪战的基本要领

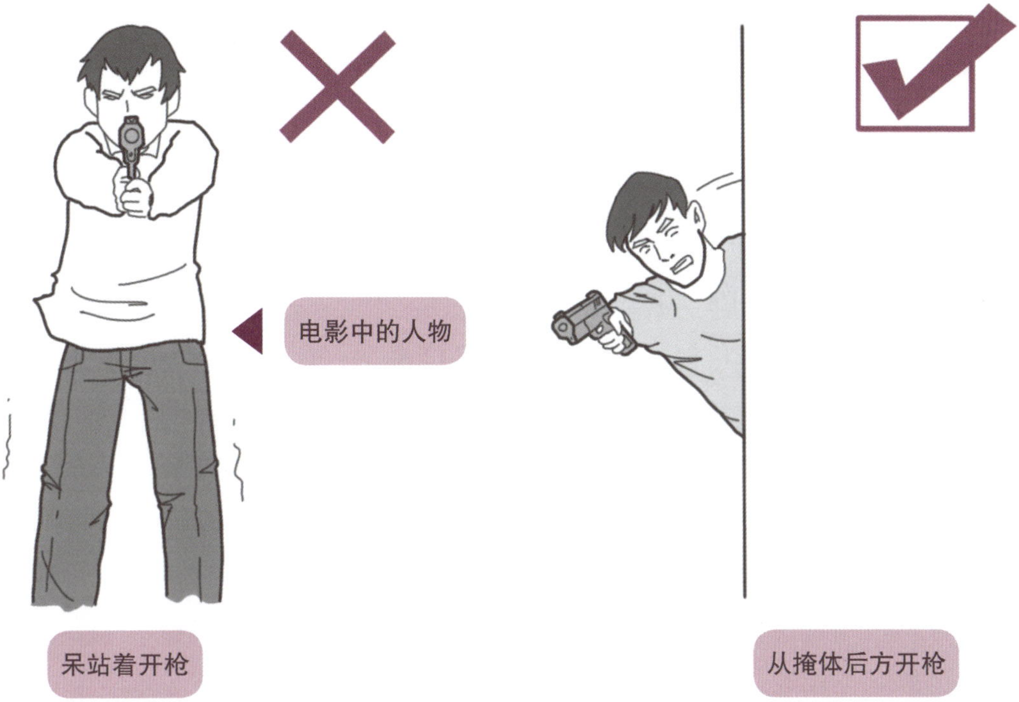

枪战时中的移动

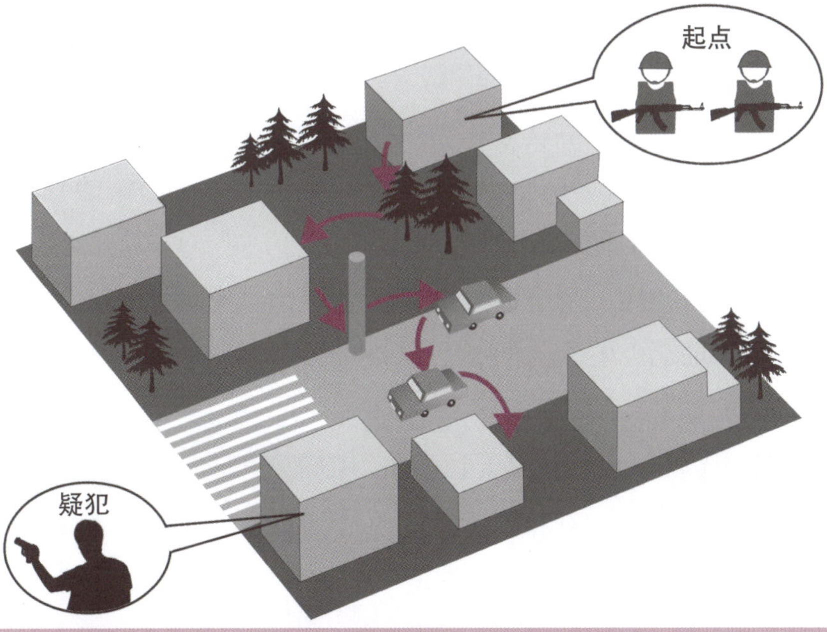

利用掩体，一边移动一边接近敌人。

专题：影视作品中特警顾问的作用（1）

特警在担任影视作品顾问的时候，主要是负责协助拍摄有使用枪械或者特种警察出场的情节。他们的工作大概能分为三类，即拍摄前的协助、拍摄时的现场指导、拍摄完成后的确认。

拍摄前的工作最为繁重，内容也十分复杂。比如，特警顾问要跟随剧组一起查看外景场地是否合适，与制片、导演等交换意见等。这些工作会不同程度地反应在分镜头脚本中。

分镜头脚本是影片创作必不可少的前期准备。所谓分镜头脚本是摄影师进行拍摄，剪辑师进行后期制作的依据和蓝图，也是演员和所有创作人员领会导演意图，理解剧本内容，进行再创作的依据。

同时，特警顾问还要负责演员的枪械指导。在一些专业的作品当中，演员甚至会在开拍前几个月就充分学习相关的枪械知识。特警顾问要在有限的时间里，将演员培养称为合乎角色形象的“专家”。

除了枪械指导以外，特警顾问还要通过实践来帮助演员成为一名真正的“特警”。他们会带领演员模拟执行任务，让演员能够实际领会特警行动中的动作要领。这些工作的目的只有一个，就是要让演员的动作自然流畅，比如拔枪警戒的时候，要做到毫不犹豫，一气呵成。

完全一致的流畅动作也就意味着没有特色，如果导演觉得这样做不够符合影片的主题，也会对动作进行一定的更正。拍摄中对动作的具体要求要细致到何种地步，全在导演的判断。

与特警们训练一样，每个演员的骨骼、肌肉都有所不同，假如有五名演员同时扮演特警的话，五个人持枪、瞄准的姿势自然也是各有各的特点，顾问在指导的时候会注意因材施教。

还有非常重要的一点，就是要让演员习惯配枪行动，否则在拍摄的时候，演员会将注意力过分集中在枪械上面，动作会显得不够顺畅，表情也会比较僵硬。从表演效果上来说，这将称为影片的致命缺陷。

第三章
攻击小组

No.036 特警会使用军用枪械吗

特种警察是逮捕重案疑犯的主要力量，因此其武装十分精良。在有遭遇疑犯的风险的时候，警员会随身携带手枪，而在需要强大火力的情况下，还会装备军用的突击步枪。

抑制重大犯罪的王牌

特警们随身携带的自卫武器，首先就是手枪。在电影中我们也常常可以看到警员从枪套中拔枪瞄准的画面。如果警员随手都拿的是突击步枪，也许能够让影片的戏剧效果更加出色，但实际上，这种情况不可能出现的。

不过，实际情况也并非一成不变的。在一些重案大案频发的地方，特种警察部队已经开始配备美军的制式装备 M16、M4 突击步枪，并已经在世界范围内成为一股风潮，这是警方为了抑制重大犯罪而时刻准备采用强硬手段的决心。

警方采用自动步枪的重要原因之一，就是前文中提到过的洛杉矶银行抢劫案。这起案件也说明，在某些地区，已经有相当一部分大威力枪械流入到黑市当中。想要禁止这些枪械进入疑犯手中极为困难，也已经有一些疑犯在作案时会装备防弹背心，使用突击步枪。要制服他们，警方的武器装备必须要进行升级。

突击步枪的枪管很长，使用中要用双手和肩膀三点稳定枪身进行瞄准，能够对远处的目标进行精确射击。加上步枪的威力要比手枪大很多，普通警员就算用手枪命中疑犯，也会被疑犯所穿的防弹背心阻挡。而使用突击步枪的疑犯，能够轻易对警员造成伤害。

正是因为这种局势，不仅是负责拯救人质的攻击小组，连其他可能遭遇持枪疑犯的团队也开始重新审定需要使用的枪械。

突击步枪

M4 突击步枪

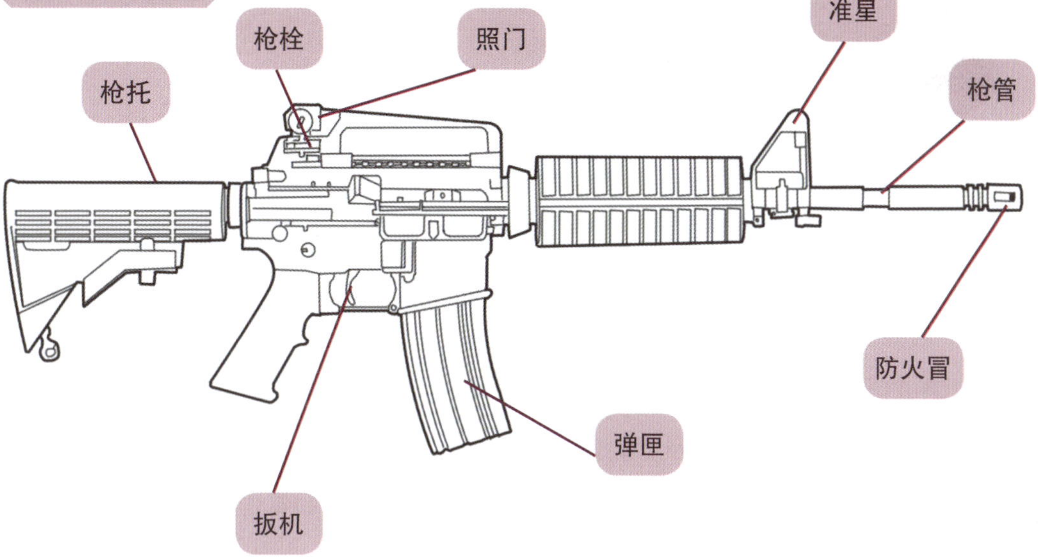

突击步枪 VS 手枪

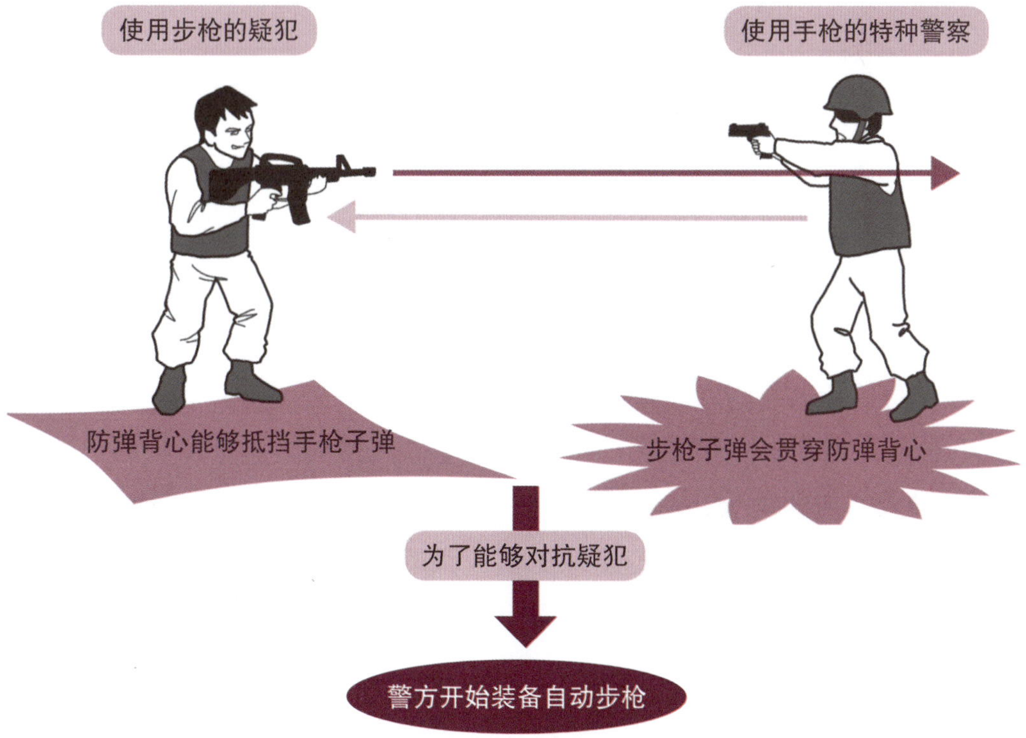

No.037 特警在逮捕疑犯的时候会使用霰弹枪吗

在影视作品中表现的枪战，常常能看到霰弹枪。具有强大火力的霰弹枪能够轻易破坏墙壁和门窗，让影片的视觉效果更加出色，那么在现实中霰弹枪是不是也是这样使用呢？

破坏性极强的霰弹枪

霰弹枪原本是用来射击铅制霰弹的狩猎枪械，其特点是能够根据猎物的大小选择不同的弹药。比如在猎鸟的时候可以使用小型的“猎鸟弹”，射击鹿等大型动物的时候则会选用杀伤力更大的“猎鹿弹”。

早在20世纪初，霰弹枪就是美国黑帮争斗时最常见的武器，由于黑帮火拼常常是在室内，一次能够击倒多个目标的霰弹枪备受他们钟爱。

不过霰弹枪射程比较短，不适合精确射击，而且在开枪后子弹会扩散，不适合在人多的街头或者解救人质的行动中使用。

在警方使用的几种常见武器当中，霰弹枪和手枪、冲锋枪被并列划分为“致命性枪械”。而随着各种不同种类的弹药的发明，霰弹枪开始能够扮演“非致命性枪械”的角色。

究竟应该把霰弹枪当作致命性枪械使用，还是当作非致命性枪械使用呢？这就要根据现场情况来看了。在使用霰弹枪的时候通常会同时携带致命性和非致命性两种弹药，根据案发现场的实际情况进行判断，随时更换枪膛里的弹药。

正是基于这种特性，不仅仅是攻击小组，特种警察的其他单位和普通的警察在执行任务的时候也开始把霰弹枪当作固定装备。

在使用过程中，一般会朝门锁发射带有易碎弹丸的非致命性霰弹破坏门锁。在进入室内的时候，更换为能够杀伤疑犯的致命性弹药。另外，在镇压暴动等群体性事件的时候，为了减少对周围的伤害，会使用能暂时麻痹目标的橡胶弹、布袋弹等非致命性弹药以及催泪瓦斯。

霰弹的种类

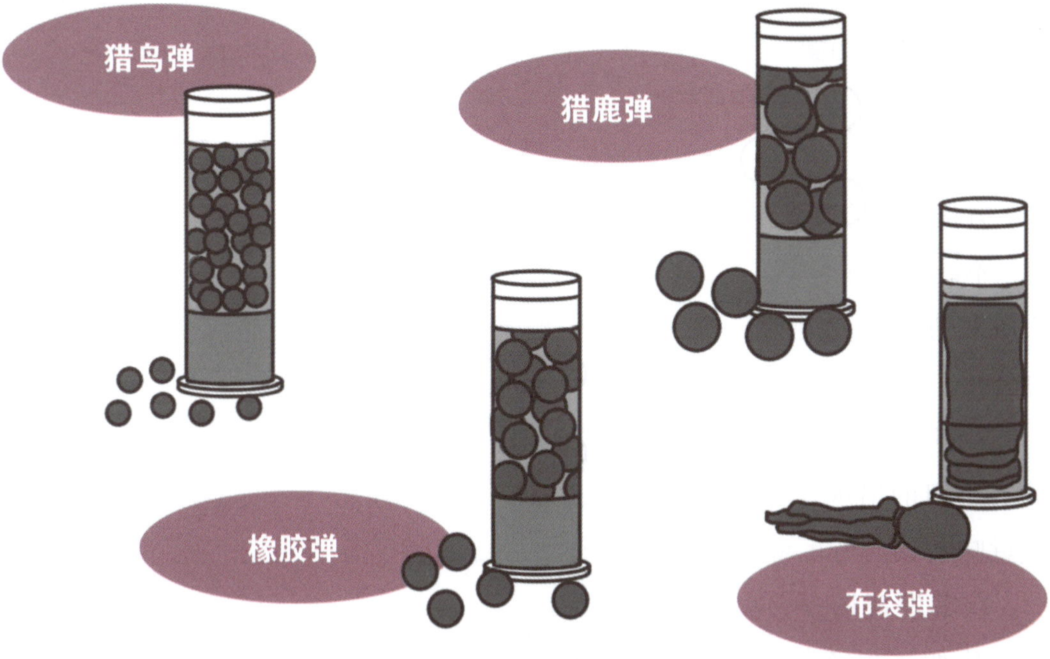

致命性弹药与非致命性弹药

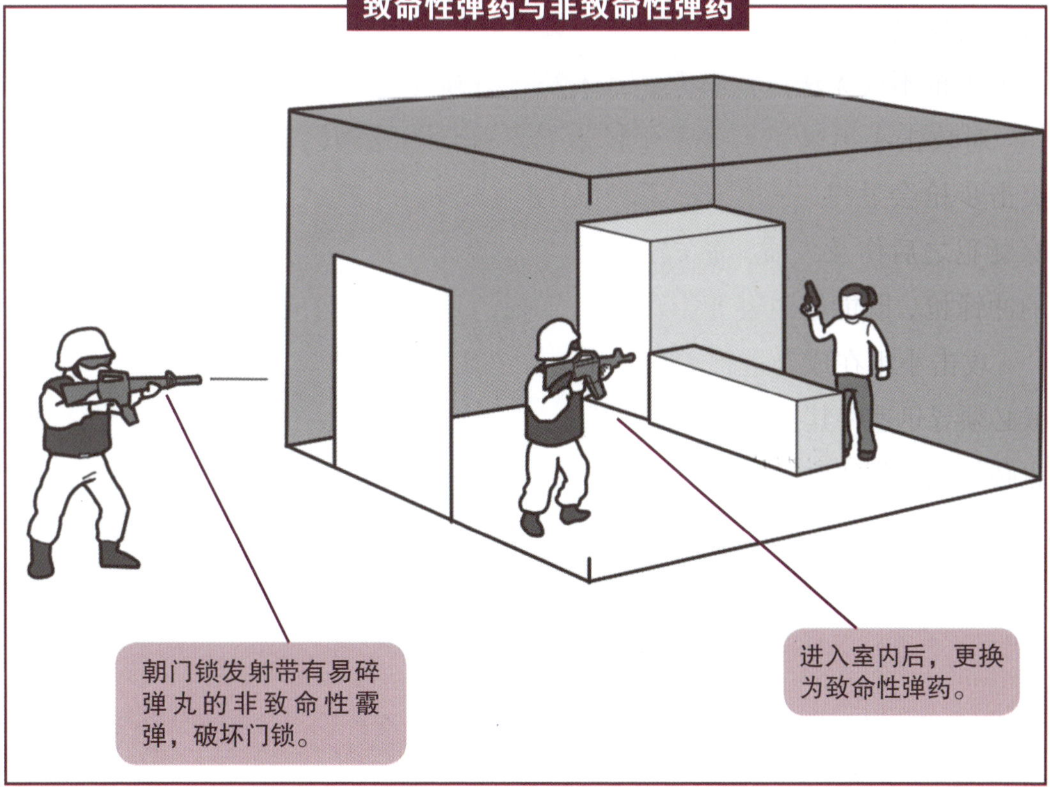

No.038 攻击小组为什么多使用冲锋枪

攻击小组要负责逮捕隐藏在建筑物中的持枪疑犯，但是手枪的火力不足，突击步枪在许多环境中又显得太长，因此，许多攻击小组都更倾向于使用冲锋枪。

方便好用的冲锋枪

不同的案件当中，疑犯会为了不同的动机和目的犯案。有的人威胁要杀害人质来勒索警方，也有的仅仅是占据建筑物拒捕。这些疑犯通常都会选择房屋、办公楼、公车、火车、客机等封闭性场所。

一旦发生了案件，警方会派遣攻击小组进入现场。在影视作品当中，攻击小组的出现常常意味着剧情的高潮。然而攻击小组一旦开始行动，也就意味着谈判专家和疑犯的谈判破裂，或者已经有人的生命受到威胁。

在案发现场，根据嫌犯的武装程度，攻击小组携带的枪械也会有所不同，比如，在确定了疑犯身穿防弹背心，装备了自动步枪后，攻击小组绝对不会仅仅携带手枪进行攻坚。一来手枪的火力不足，难以迅速击倒疑犯，二来手枪不仅无法压制疑犯，还有可能让疑犯凭借更强的火力伤及警员。

对攻击小组来说，突击步枪也并不是最为适用的。在狭小的空间中，突击步枪会显得碍手碍脚，影响动作。另外，步枪威力太大，有可能在贯穿疑犯之后伤及人质，造成二次伤害。攻击小组最喜欢携带使用手枪子弹的冲锋枪，既能够对疑犯形成火力压制，又不会因为威力太大而伤及人质。

攻击小组在成功进行火力压制后，必须不断前进，发现人质和疑犯的时候必须寻迅速将其扑倒保护或者制服。遇到不听警告、不愿弃械投降的疑犯，也必须毫不犹豫地射击。

突击步枪的缺点

在狭小的空间中，突击步枪的长枪管会碍手碍脚，影响动作。

在命中疑犯后，有可能贯穿其身体伤及人质或者同事。

冲锋枪的结构

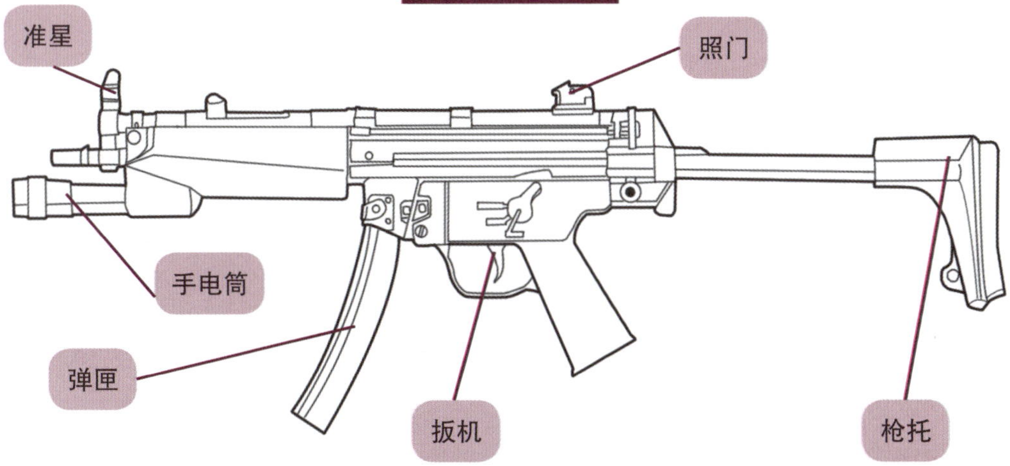

No.039 攻击前是不是应该给枪口装上消音器

在影视作品中描述的攻击小组，常常会在冲锋枪枪口安装消音器，然后就可以不出声响地连续击倒疑犯。实际中真的能达到这种效果吗？

消音器不存在

在电影中大放异彩的消音器，其实并不存在。而影视作品中主角们在对手毫不知情的情况下射击，如此表现，只是为了增加剧情的看点。在现实中也有类似于消音器的装置，叫做防火帽。防火帽的主要作用是能够抑制火药在急速燃烧的时候震动空气产生的枪声和火花。

防火帽对于需要在瞬间压制疑犯的攻击小组来说非常重要，尤其是他们在攻击中会先使用枪械对疑犯进行压制，执行制服疑犯的“CQB 战术”（室内近距离战斗）的时候，防火帽能发挥最大的效果。

因为如果没有装备防火帽，枪声会让一起行动的同事听力暂时麻痹。在攻击有易燃易爆品的仓库等地方的时候，枪口冒出的火花有可能会引起爆炸。要是在黑暗中攻击，枪口的火花还会暴露出警员自己的位置。总而言之，如果没有防火帽，攻击小组的许多行动都会受到限制。

为了方便在行动中与同事联络，攻击小组通常会在一边耳朵佩戴无线电耳机，但是这种耳机仅仅是用来沟通交流的，没有保护听力的作用。

射击时的声响有多大呢？打个比方来说，手枪与冲锋枪使用的9毫米子弹，在发射的时候会产生165分贝左右的响声，而超过120分贝的噪音就可能会致聋。虽然枪声只是存在一瞬间，但是瞬间音量还是会让人非常不适。而安装了防火帽之后，枪声至少可以减少30分贝，能够让人在不戴耳塞的情况下进行射击。

基于以上种种理由，攻击小组在行动当中都会给枪口装上防火帽。

防火帽

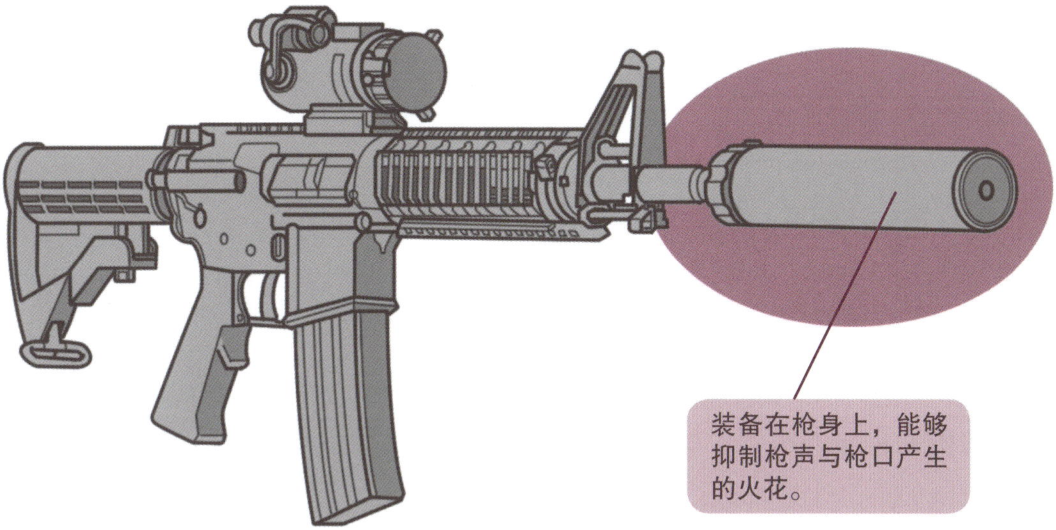

没有防火帽时

No.040 攻击的时候该怎样持枪

在影视作品中讲究的是戏剧性和看点，攻击小组会举着冲锋枪冲入室内。而实际上，在视线内没有疑犯的时候举枪瞄准会影响可视范围，反而容易遭到攻击。

发现目标才瞄准

与电影中不同，现实里攻击小组在冲入室内的时候，冲锋枪的枪口会朝着斜下方，随时预备瞄准射击，是团队迅速攻坚的关键。

由于在室内常常会有桌椅等各种障碍物，如果在举枪瞄准的情况下移动，会无法确认脚边的情况。疑犯很有可能会在案发现场安装土制炸弹，或者布置陷阱，如果不注意脚边，随时可能会误触。

另外，如果一直都是举枪对着人，有可能在没有判断清楚危险程度的前提下会条件反射地扣动扳机。而实际上攻击小组在发现目标以后，必须先注意其手部，判断危险程度。如果对方手中持有武器，才会发出警告、举枪瞄准。需要注意的是，攻击小组在攻坚的时候，无法通过外表来区别人质或者疑犯，所以他们是以危险程度当作判断标准的。

如果枪口朝下的话，就算在攻击时候遭到躲在墙边或门口的疑犯偷袭，也能够迅速反应。这样既能防止误触陷阱，也能防止疑犯夺走冲锋枪，同时可以在遭到疑犯使用刀刃进行攻击的时候迅速避开。

那电影中的攻击小组为什么是一边瞄准一边移动的呢？这是因为如果他们与实际中一样采取枪口朝下的话，会影响特写镜头的拍摄，无法将想要表达的场面完全放在画面当中。如果要讲究写实性，镜头就只能后拉，但是这样拍摄出来的画面会失去影片的表现力。考虑到电影电视的看点，所以让攻击小组采用举枪瞄准的姿势进行移动。

攻坚时的姿势

枪口朝下

举枪瞄准

攻坚时的动作

①进入房间时枪口朝下

②发现手持武器的目标立刻瞄准

③制服疑犯

No.041 为什么狙击手们开火率低

在影视作品中，常常会看到狙击手在制高点时刻准备瞄准疑犯，但是却往往一枪不发。实际上，狙击手所承担的监视任务要重于射杀目标。

狙击手的主要任务是监视

在出现持枪伤人或者是利用人质和警方进行对峙的疑犯时，特种警察就会接手行动。首先，他们会切断疑犯有可能逃走的所有道路，然后有谈判专家与疑犯进行接触。

这时候，狙击手会悄悄推进，占领制高点，从隐蔽的地方瞄准疑犯。他们会从不同角度监视疑犯的动向，向谈判专家提供与人质或疑犯相关的信息。

在攻击小组研究战术的时候，狙击手也会根据所观察的现场情况为攻击小组提供枪械和攻击方向的参考。也就是说，狙击手担任了谈判专家和攻击小组的耳目。

实际上，这里所说到的狙击手包括了狙击手本身和与其同时行动的观察员。为了能够全方位观察案发现场的状况并能随时狙杀疑犯，一般这样的组合会布置多个，从不同的方向监视现场。他们会携带狙击步枪和专用的望远镜。

为了保证注意力的集中，每隔一段时间，狙击手和观察员会互换。在上级传来狙杀目标的命令以后，狙击手并不会立刻执行或者单独射击。而是要配合攻击小组的行动，在攻击小组攻坚的时候射杀目标。

特警的狙击要求与军方的不同，不需要在数百米以外就命中目标，因此他们的狙击范围一般都保持在 100 米以内的范围。除非是面临一些特殊的情况，否则在警方的严密封锁下，100 米以内的射程已经足以完成任务。

狙击手对一般建筑实现合围

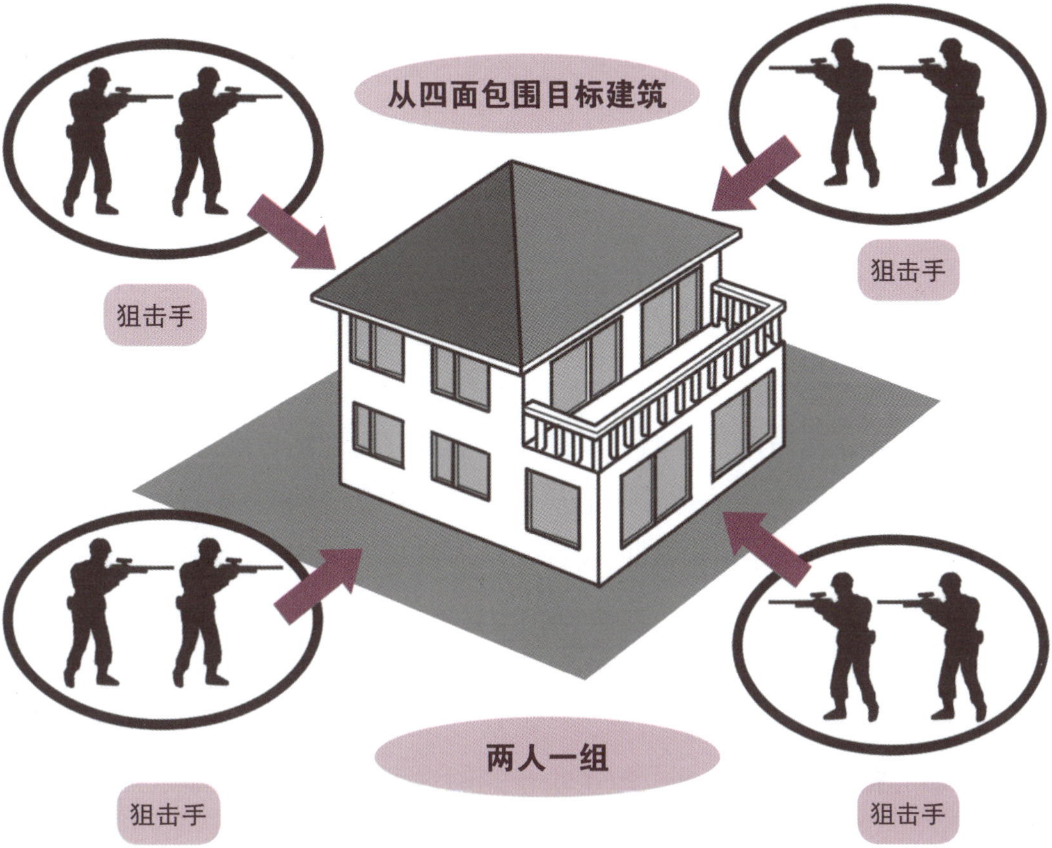

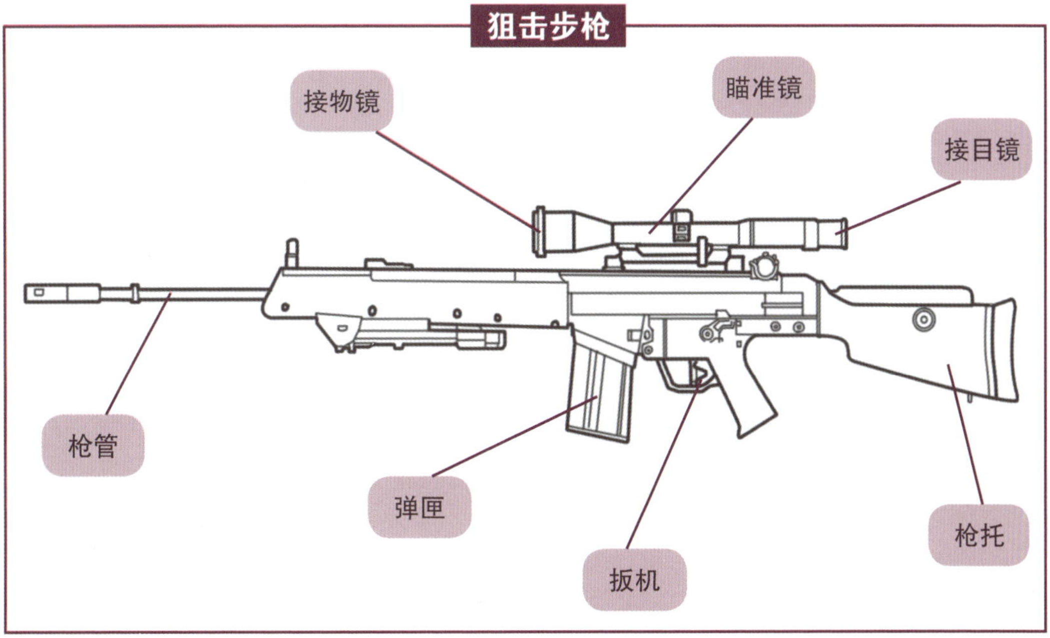

No.042 解救人质的第一道关卡是什么

在解救人质的时候，趁虚而入，迅速而大胆地行动是解救人质的最有效方式。只不过想要实现这样的效果，首先得要突破门窗这道关卡。

计划精密地攻坚

挟持人质或者占据建筑物的疑犯在与警方对峙的时候往往会提各种要求。为了阻止警方进入，他们往往会紧闭门窗，甚至会搭建阻挡警方进入的障碍物，对着包围现场的警察射击。

为了破解这种局面，警方会派遣攻击小组进入现场。攻击小组首先会仔细检查现场，迅速寻找适合攻坚的位置。部分队员会伪装成一般的警员或者医疗人员靠近目标，仔细确认门窗的形状、材质等。同时，附近的狙击手也会根据观测到的情况为战术小组提供参考意见。

综合了这些信息以后，攻击小组还要经过现场推演来确定是破窗而入还是破门而入。攻击小组一旦出动，就需要在短时间内迅速压制室内的敌人。根据门窗形状、大小的不同，攻击小组能够进入的人数、携带的装备也有所不同。

门窗开启的方向，也是他们需要考虑的重要因素。比如，攻击小组要从正门进入的话，如果目标建筑物正门是向内开启的话，可以用破门锤砸门或者使用霰弹枪破坏；但如果正门是外开的话，则要麻烦一些，需要撬开门板才行。

为了尽快突破这第一道关卡，攻击小组首先会听取心理分析师的建议，根据疑犯的心理倾向，比如，是否会投降，是否预计到警方攻坚等，掌握疑犯的行动模式。在了解了疑犯的警戒程度以及建筑构造之后，才会开始进行攻坚。

破门工具

破门锤

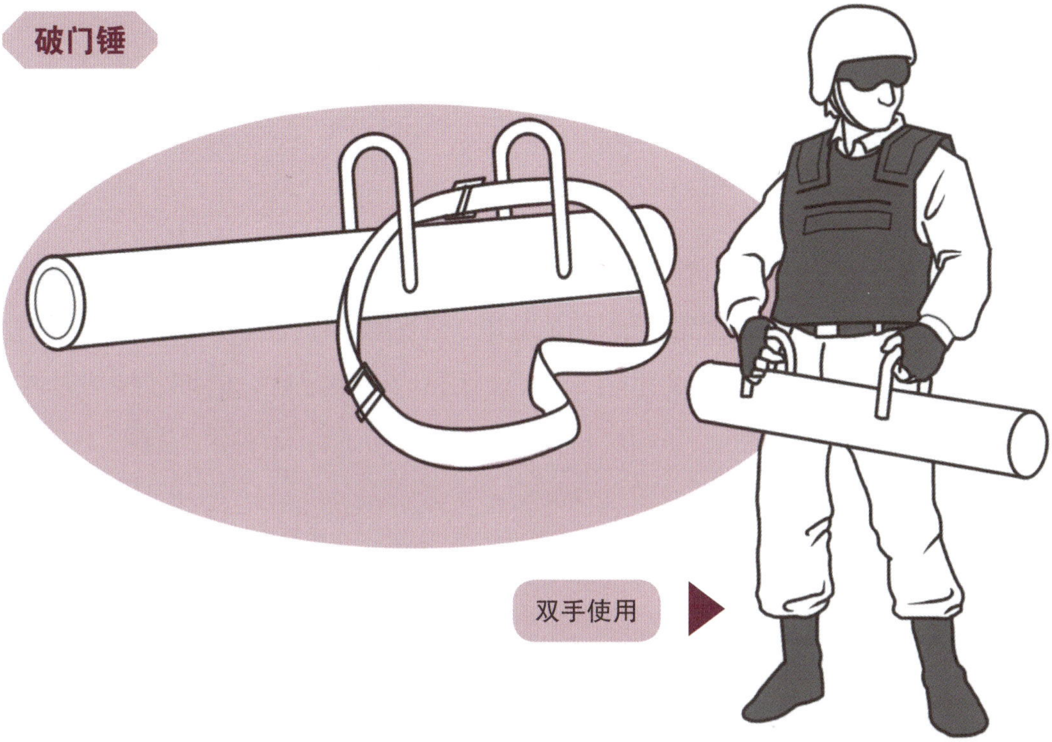

破坏门窗的方式

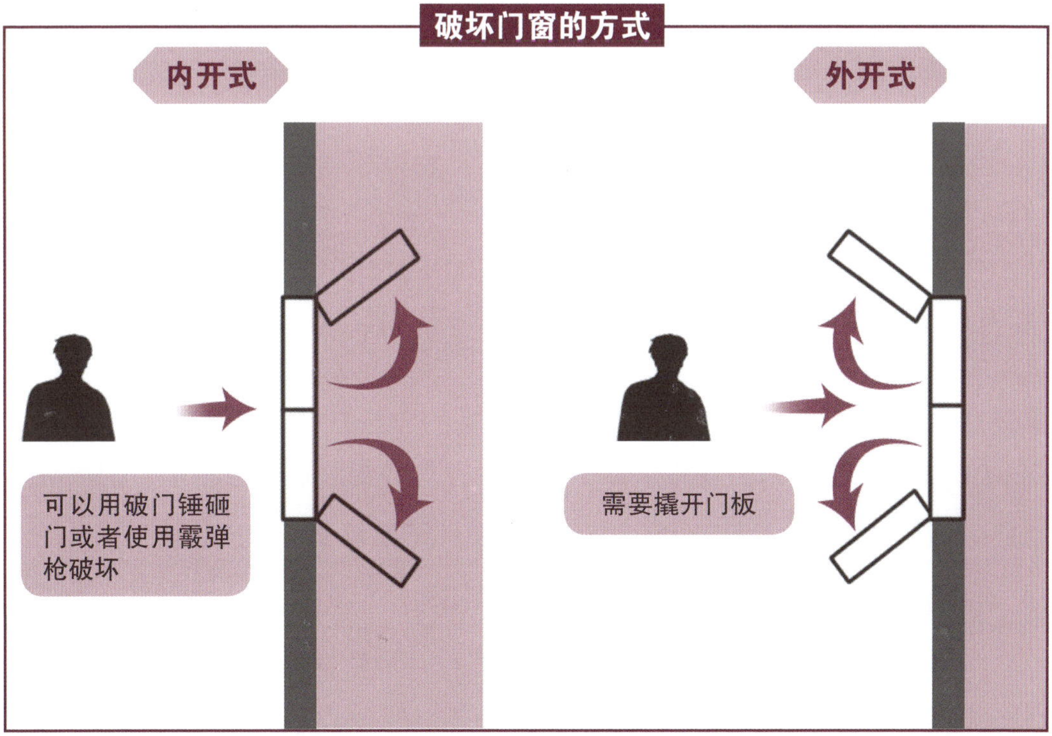

No.043 特警们擅长的 CQC 是什么

为了实现不流血地完成任务，攻击小组在与疑犯战斗的时候除了使用枪械以外，还会进行一种被称为 CQC 的战术。

接近并制服目标

为了在不伤及人质的情况下抓住疑犯，攻击小组必须要非常迅速地行动。因此攻击小组在行动中会充分使用闪光弹、催泪弹等武器，从多个方向同时进入。这样的目的在于要令疑犯陷入恐慌，在其尚未决定应该向谁开枪的时候，就将其制服。

大多数情况下，攻击小组的行动都是以 CQB 战术为主，CQB 是以装备枪械射击疑犯的战术。可是在警方要逮捕疑犯的时候，CQB 就显得不太适用了。

如果疑犯拒捕抵抗，攻击小组的成员就会开枪反击。若是因此导致疑犯丧命的话，就无法追查其犯案动机与目的了，也就不可能分析疑犯的心理，无法为预防此类犯罪起到帮助作用。这就意味着哪怕以后面临同样的案件，警方依然要根据现场情况应急。

正是因为如此，攻击小组除了使用 CQB 以外，也会使用不开枪的 CQC 战术。所谓 CQC 战术，是“Close Quarters Combat”（近身格斗术）的缩写。

当攻击小组进入狭窄的室内以后，有时候和疑犯之间的距离只有 1 米左右。在电影电视中，攻击小组会举枪瞄准目标，警告其把枪丢掉，却并不开枪。这种行为在实际上和 CQB 有所雷同。

而根据 CQC 战术，攻击小组此时并不会停止前进，而是会一边警告一边靠近疑犯。在疑犯不听警告的时候，CQB 战术的应对方式是立即开枪将其击倒，而 CQC 战术则是采用近身攻击疑犯的要害，当场制服疑犯。有了不同的战术供队员选择，能够让攻击小组的面临不同情况的时候更好地随机应变。

CQB 与 CQC

CQB

攻坚 → 瞄准 → 击倒

CQC

攻坚 → 接近 → 制服

疑犯死亡的缺点

疑犯死亡

↓

无法追查其动机与目的

↓

无法防范同类案件发生

No.044 怎样减少枪支的故障率

手枪和冲锋枪都是多重机械组成的，在射击中难免会出现故障。为了将故障的风险降到最低，攻击小组会根据枪械的种类装填不同数量的弹药。

不良弹匣容易引发故障

攻击小组的枪械一般都是采用弹匣供弹。在扣动扳机以后，撞针会敲击子弹的底火，使火药燃烧将弹头射出枪管。之后将空弹壳排出枪身，重新安装新的子弹。直到弹匣里的子弹用完为止，枪械会不断重复这个射击动作。

弹匣里的弹簧会不断将弹药往上递送，因此在射击过程中尤其需要注意弹匣的状况。弹匣内的弹簧状况不良的话，很容易出现装填不良的故障。除了弹匣变形以外，弹簧强度的优良与否，也会影响手枪、冲锋枪的射击动作。

那么在实际中，特警们是如何避免这种问题呢？特警使用的冲锋枪通常安装的是装填 30 发子弹的弹匣，不过在日常待命的时候，攻击小组为了应对随时的突发状况，往往是 24 小时待命，弹匣里时刻都会装填弹药，但是却很少会填满 30 发子弹。

如果装满了子弹，会把弹匣的弹簧压缩到极限，也就会造成弹簧的超负荷使用，导致弹簧的弹力不足。一旦弹簧上推子弹的力量不够，子弹就无法安装到枪膛中，出现装填不良的情况。因此，通常攻击小组在填装弹匣的时候都会注意让弹簧保留余力，只安装 27 发左右的子弹。

而半自动手枪，弹容量最多是 15 发，不足以影响到弹簧的强度，装满子弹也不会出现问题。但是使用 20 发或者 25 发的专用弹匣的时候，就要注意少装几发子弹了。

弹匣与子弹

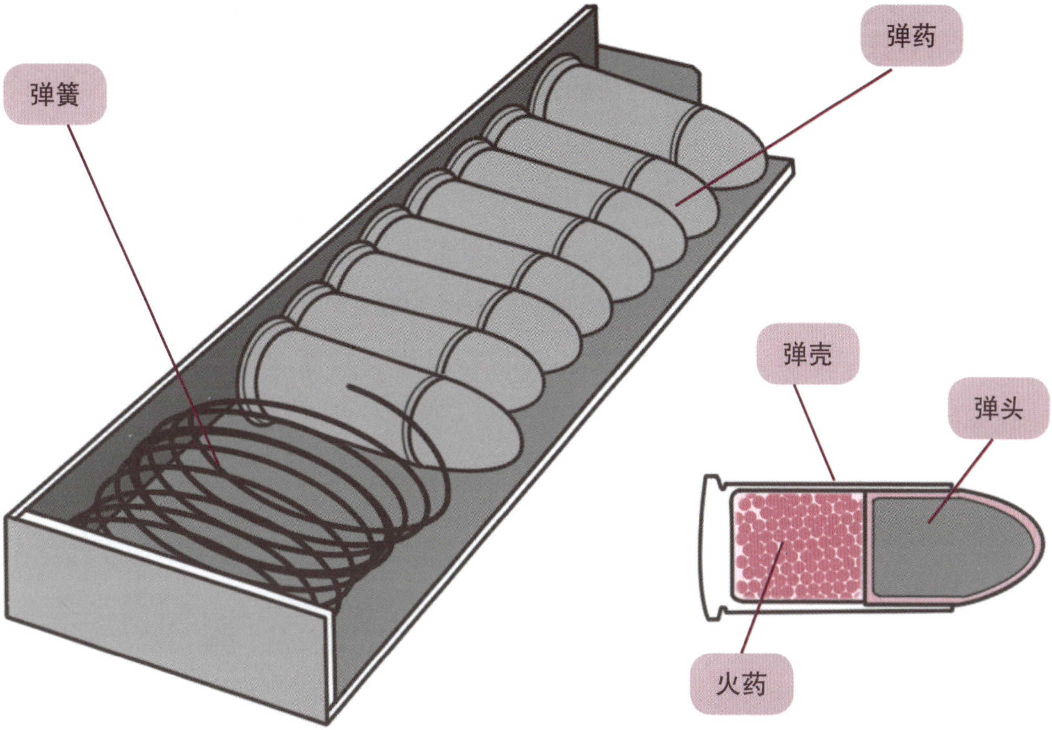

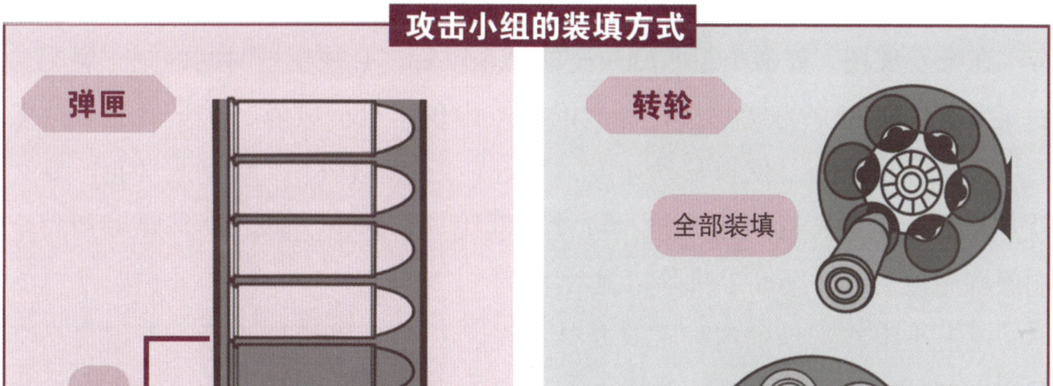

为了减少对弹簧的负荷而特意少装几发子弹

为预备故障的备用转轮也会装满子弹

No.045 枪械故障的时候该怎样处理

就算注意保养弹匣里的弹簧，也并不能完全避免枪械故障。因此攻击小组在平时就要充分准备，随时应对意外的状况发生。

做好应对准备

为了以防万一，在遇到枪械故障的时候能够快速应对，攻击小组的队员在平时会充分学习处理故障的方法和需要注意的要领。

在进行冲锋枪射击训练的时候，教官有时候会故意将空弹壳与实弹一起装到弹匣里。攻击小组的队员必须使用这种弹匣，按照要求完成各种射击练习。空弹壳进入枪膛以后，必然会导致枪械装填不良的故障。按照常理，这时必须要尽快排出空弹壳。但是特警的训练都是真实模拟案发现场的，警员要在排出空弹壳之前，首先制服疑犯。

在电影和小说中，攻击小组的成员往往都是勇敢善战的硬汉，实际上他们不仅需要有强健的身体，还要有超出常人的思维。这才能保证他们在遭遇到枪械故障的情况时冷静沉着地进行正确判断。

在案发现场，攻击小组收到攻坚的命令以后，必须在短时间内制服疑犯，稳定现场。如果在与疑犯进行枪战的时候出现了枪械故障，警员就只有两条路可以选择。第一是保持移动速度，靠近疑犯以后通过 CQC 制服疑犯。要么就是从大腿上的枪套拔出手枪，继续对疑犯进行射击。总之都是要等到完全制服疑犯以后，才会动手排除枪械故障。

攻击小组在行动的时候都是集体行动，一旦发生枪械故障，不仅自己会陷入危机，也会使与自己一同行动的队员遇到危险。因此，在平时必须反复训练，让警员能够在各种意外下做出最佳的反应。

枪械故障训练

①将空弹壳与实弹一起装填到弹匣

②射击训练中出现装填不良的故障

优先制服疑犯　　然后排出空弹壳

应对机械故障

机械故障

从枪套中拔出手枪继续射击

靠近疑犯通过近身格斗制服疑犯

No.046 遇到劫持人质的事件如何处理

从 20 世纪 90 年代起，劫持人质的事件开始频繁发生。疑犯往往会利用人质与警方讨价还价，试图达到自己的目的。

如何解救人质

随着电视、网络等媒体的发展，使得犯罪行为也开始逐渐变化。一些疑犯发现只要挟持人质与警方对峙，就能引起关注。通过杀害人质来威胁警方也让他们感觉到很有作用。

在案发现场，攻击小组必须与谈判小组、狙击手、心理分析小组等团队一起通力合作。只有在人质生命安全受到威胁的时候，才能为了保证人质生命安全进行攻坚。在攻坚的时候，如果攻击小组不能迅速冲入室内，瞬间控制现场，人质就有可能成为牺牲品。

如果攻坚失败，警方将会面临媒体和民众的强烈批评。许多国家和地区的攻击小组都开始使用能够瞬间控制现场的 CQB 战术。所谓 CQB，是“Close Quarter Battle”（室内近距离战斗）的缩写。

举例来说，在一般的建筑中发生了劫持人质的时间，在确定采取 CQB 战术之前，必须要先确认人质的位置和疑犯的所在地，并且慎重地确认门窗的位置、大小、开关方向等。可能的话还要取得房屋的平面设计图，根据房屋结构制定具体细致的战术。

在攻坚的基本原则，是进行全方位同时攻击。警方不仅需要制定缜密的攻击战术，而且作战内容本身也需要简洁明了。尤其是短时间内同时进入室内，迅速控制整个现场，需要超乎寻常的胆量和勇气。

攻坚模式

攻击小组从多个方向同时攻击，迅速控制现场。

控制所有房间

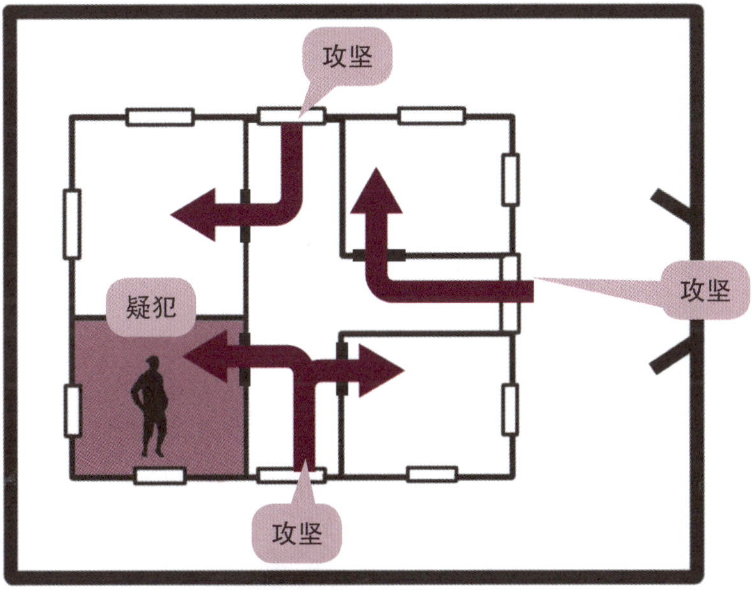

房间的攻坚

至少两人协同作战

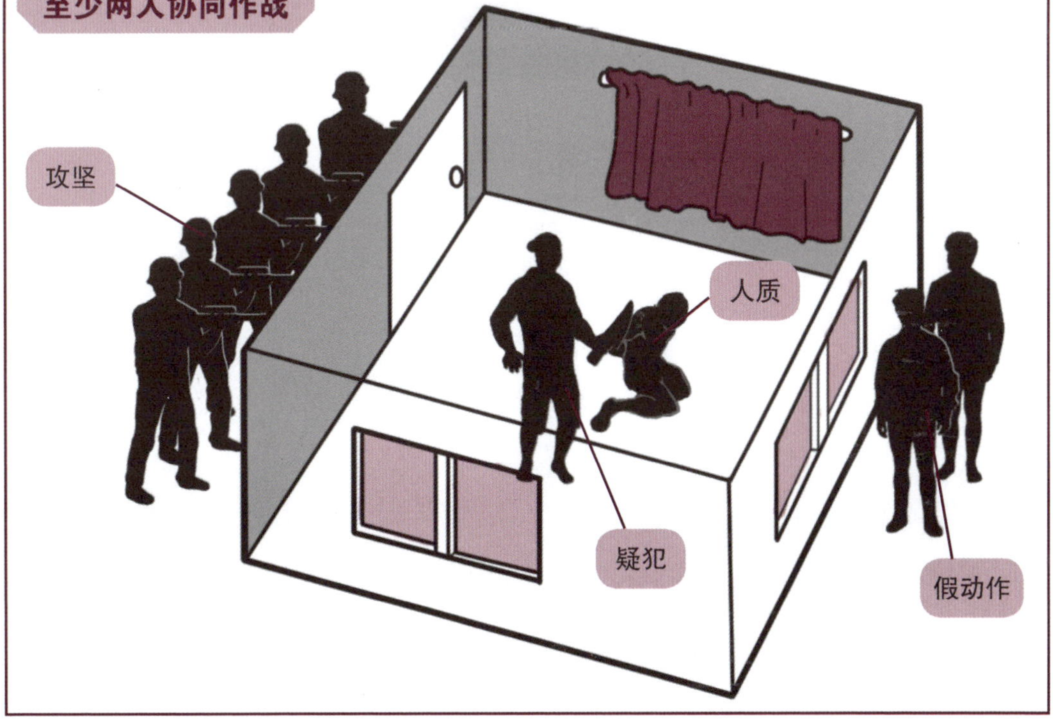

No.047 和疑犯对峙的时候应采用什么策略

攻击小组并非只有在疑犯挟持人质的时候才会出动，遇到疑犯逃入建筑物藏匿，或者利用建筑物与警方对峙的时候，攻击小组也往往要前去收拾局面。

尽量说服疑犯投降

在执行任务的时候，攻击小组会尽量减少流血牺牲，最好的情况就是一枪不发，劝说疑犯投降。通常会与警方对峙的疑犯，都有自己的动机和目的，只要能够摸清疑犯的想法，往往能够通过谈判来解决。而依靠暴力攻坚的话，对疑犯和警方而言都不是最好的解决办法。

当疑犯为了逃避追捕躲进建筑物的时候，处理的模式基本是相同的。警方首先会封锁建筑物的出入口，在建筑物周围伺机而动。这样做的目的是为了避免刺激疑犯，希望疑犯逐渐冷静下来。在电影电视中，不乏有警察对疑犯穷追不舍，最终被疑犯击倒，甚至杀害的画面。这种剧情在事实上很合乎情理，现实中疑犯占据建筑物以后往往会占据有利位置，此时要是冒然冲进去的话，无疑会变成“活靶子”。

在对峙中，除非疑犯打算自杀或者对周围的警察、特警开枪射击，否则攻击小组都只会在周围待命。这时候唱主角的是谈判小组的谈判专家，由他们和疑犯进行交涉。

如果谈判顺利，疑犯十有八九都会出来投降。攻击小组在确认疑犯不会投降的时候，才会采用暴力攻击的方式解决问题。一开始，攻击小组会往建筑物内射入催泪弹，逼迫疑犯投降。在射击之前，攻击小组会根据建筑的结构来计算需要使用的催泪瓦斯用量。首选的射击地点是浴室或洗漱台附近。

如果疑犯在遭到催泪弹攻击以后还不投降，攻击小组就要带上防毒面具，在防弹盾牌的掩护下，整个小组一边警戒，一边慢慢前进搜捕疑犯。这种战术被称为“匿踪潜入”。

催泪弹的射击程序

逼迫目标从门口或窗户出来

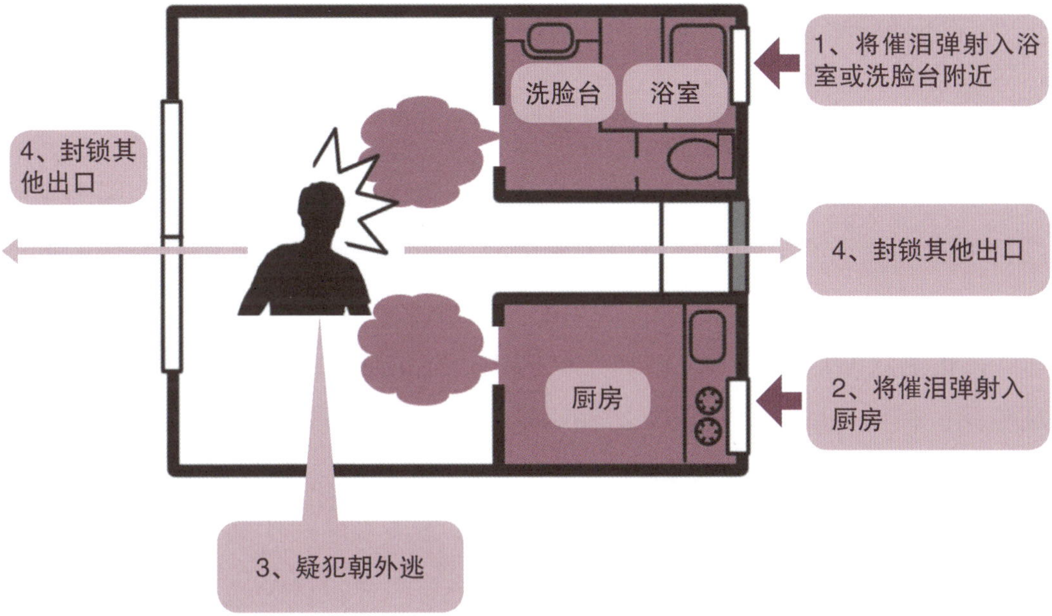

攻坚时的队形

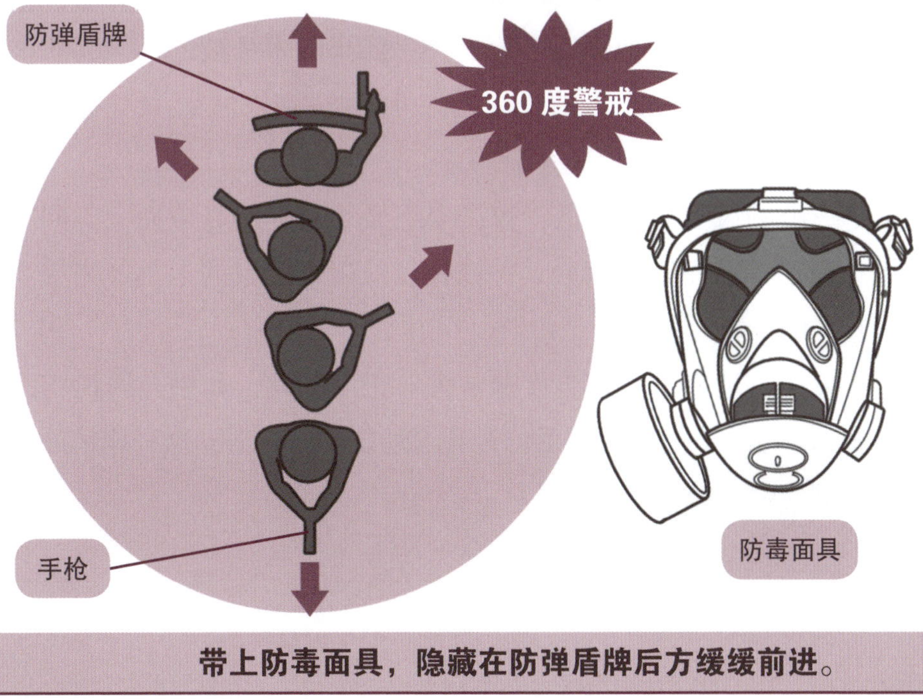

带上防毒面具，隐藏在防弹盾牌后方缓缓前进。

No.048 接近疑犯的方法

在拯救人质的作战中，攻击小组必须趁虚而入，迅速展开攻击行动。为了不让疑犯有机会伤害人质，攻击小组必须悄悄靠近，等待攻击命令。

影视中看不到的战术

在一些特警题材的影视作品中，时常会出现挟持人质的事件。因为这种题材能够在狭小的空间中充分表现警匪双方的心理，表现出跌宕起伏的剧情发展。

在拍摄这些影片的时候，通常会聘用退休的或者现役的特种警察担当现场顾问，提供一些拍摄建议。这也就使得这些影视作品能够真实地反应现实环境，创造了许多既具有戏剧性，同时又能表现出一定真实性的热门剧作。

不过有一些战术是不适合出现在影视作品当中的。比如攻击小组从准备行动到发起攻击的移动方式，会被刻意省略。因为，这些战术以及特警 CQC 等战术都是警方的高度机密。

在发起攻击以后的短时间内，作战结果基本就已经确定了。攻击小组会在瞬间干扰疑犯的思路，使疑犯产生迟钝。如果战术失败的话，人质被伤害的可能性就会提高，攻击小组的队员也有可能被疑犯攻击。疑犯事前越是清楚攻击小组战术的话，攻击的效果就越差。

为了将失败的风险降到最低，攻击小组必须想办法趁虚而入。同时，攻击小组的队员必须装备防弹背心、冲锋枪以及破坏门窗的工具等完成迅速移动，做好攻坚的准备。

想要悄无声息地靠近目标难度非常大。正因如此，如果在影视作品中曝光攻击小组的移动方式，会令以后的疑犯有所提防。在遇到这种剧情的时候，一般都是含糊地带过即可。

攻击小组的接近方式是高度机密

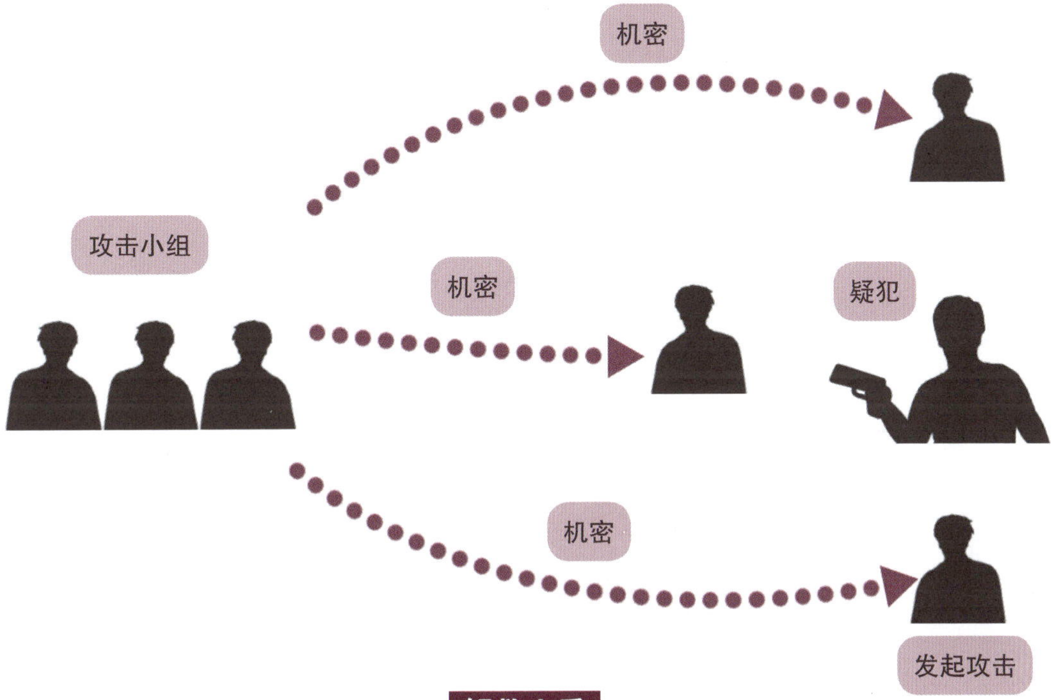

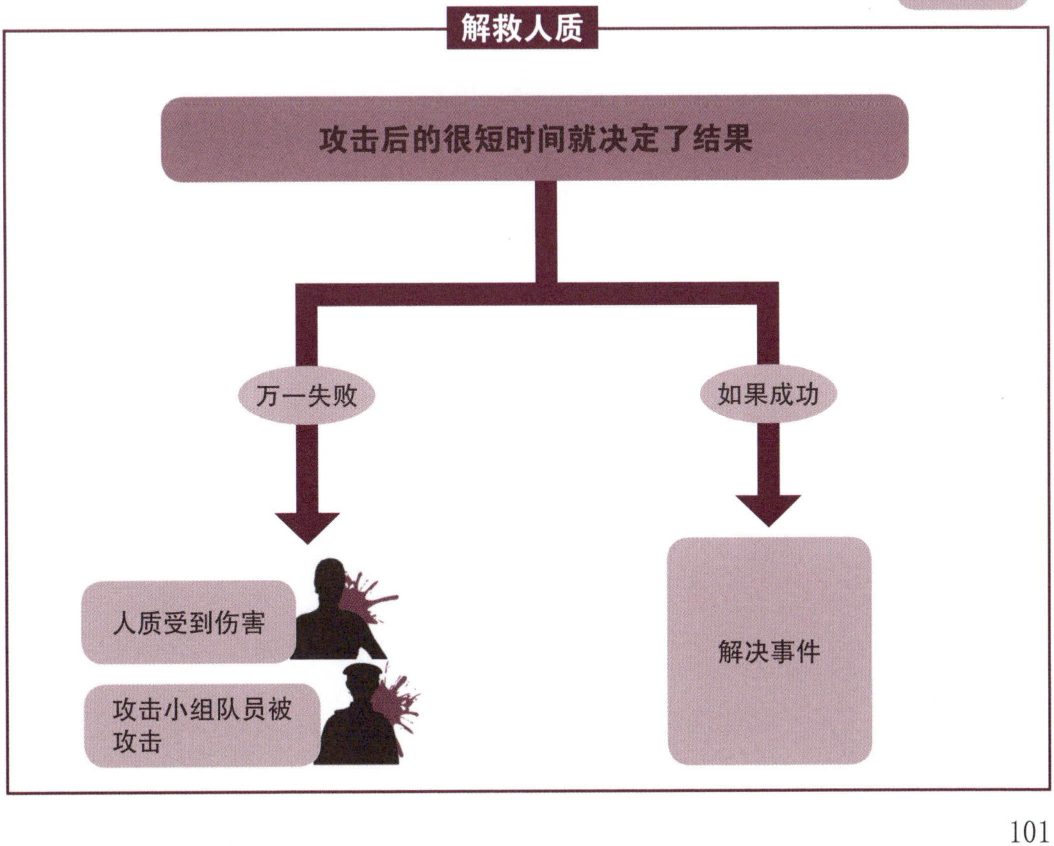

No.049 面对疑犯的反抗该如何处理

在破门或破窗的时候如果发出声音，一定会被疑犯发觉，会被疑犯提前做好防范。攻击小组在这种时候，一定要通过特定的手段影响目标的感觉和思维。

瞬间决定成败

1977年10月13日，汉莎航空公司波音737第LH181次航班遭到劫持，被称为“死亡之路”的德国特警部队——第九国境防卫队（GSG-9）在拯救人质的过程中使用到了闪光弹，使其一举成名。此后，在许多的电影和小说当中都开始出现闪光弹这种武器。

闪光弹的形状和军用手榴弹、烟雾弹相似。拉开安全销向外投掷后，弹体内部的火药会瞬间爆发，产生让人目眩的闪光、噪音、震动。

这种武器不会炸开射出碎片，因此被定义为“非致命性装备”。在破门或破窗进行攻坚的时候，闪光弹是十分有效的武器。

当警方准备从后门进攻的时候，可以先从前门或者窗户投掷闪光弹吸引疑犯的注意力。另外，在破门破窗以后，也可以同时投入闪光弹来麻痹疑犯视线。

如果能够有效使用闪光弹，就会极大降低被疑犯伏击的风险。因为不论疑犯的体格多好，也无法承受闪光弹爆发时的冲击力。在攻击小组内部，刚来的新队员会在演习中扮演疑犯的角色，老队员在闪光弹的掩护下集体攻击，这是为了让新队员实际体会现场的混乱和恐惧，从而更好的理解疑犯的心理。

闪光弹至今仍然在各个特警部队广泛使用，它有时甚至能够成为整个行动成败的关键。

闪光弹

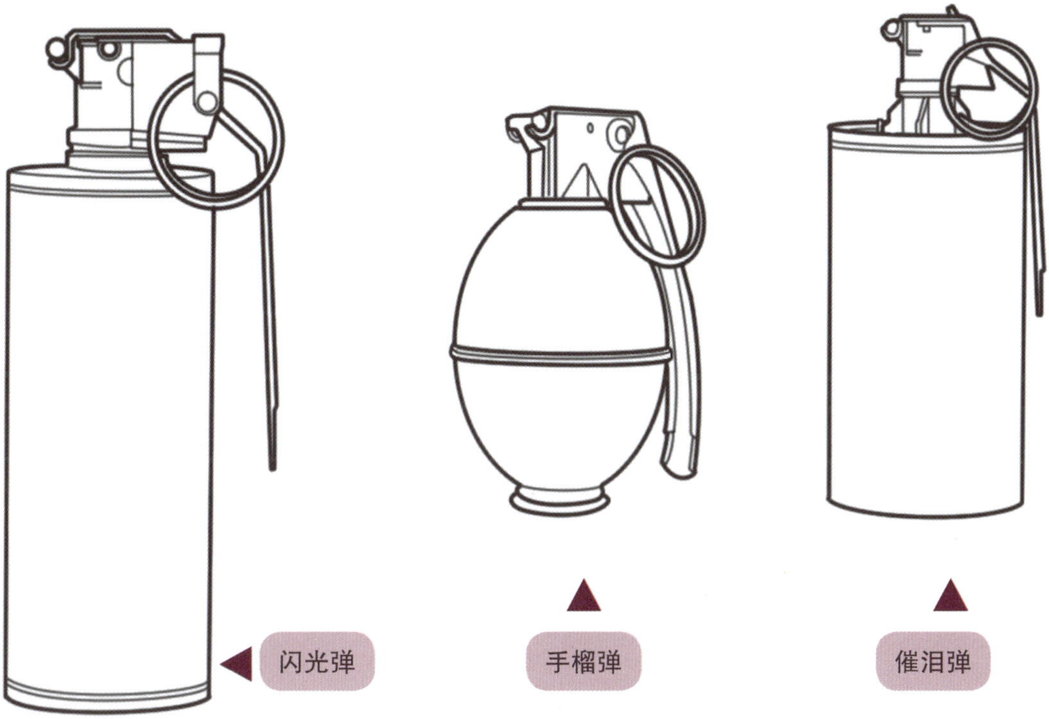

使用闪光弹的范例

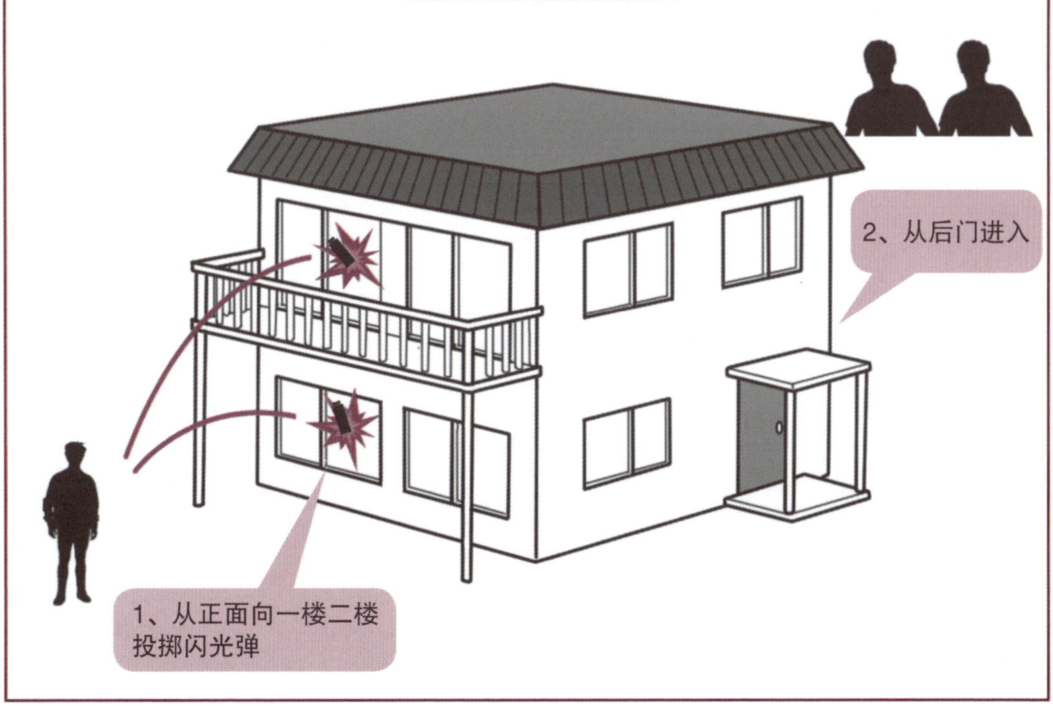

No.050 在室内如何安全推进

在破坏门窗、投掷闪光弹的同时，攻击小组还会展开攻击。在 CQB 战术当中，不会等到闪光与冲击结束才开始攻击，而是趁着闪光和冲击的瞬间就开始行动。

互相支援的基本战术

攻击小组在进攻的时候要充分利用闪光弹造成的瞬间空隙，为了能够在闪光弹引爆的同时发起攻击。比如，附近如果有易燃物的话，投掷的范围也会受到限制。如果没有投入合适的区域，爆发时的高温有可能会引起火灾。另外，还要考虑到人质当中是不是有儿童或者老人，避免闪光对其造成伤害。

闪光弹在引爆时产生的瞬间压力，足以震碎窗户、钟表等玻璃制品。还曾出现过闪光弹被疑犯搭建的障碍物反弹回去，在攻击小组队员旁边引爆，造成队员小腿骨折的案例。

攻击小组在进攻中会采取一边进行火力压制，一边前进的 CQB 战术，火力压制这种攻击方式在英语中被称为“Clearing”（清扫）。一般在这个过程中，队员要两人一组，互相支援。不过，根据实际情况，比如疑犯、人质的位置、现场区域的宽度等条件变化，也会出现 4 人或者 6 人一组的情况。

原则上无论出现什么情况，队员都要以偶数人数协同行动。这是为了让攻击小组队员能够在战斗中互相掩护。在前进中，能够一人负责左半边，另一人负责右半边，对视线范围内进行全方位的探查和清扫。

如果队员在攻击的时候出现时间误差，危险性自然也就增大。当第一个队员反射性地开始清扫房间的左半部的时候，后续队员没能赶上来掩护，房间右边就成为安全死角。因此，在行动前，特警们都要准确对时，严格保证两两之间相互支援，才能保证任务的顺利执行。

闪光弹的冲击

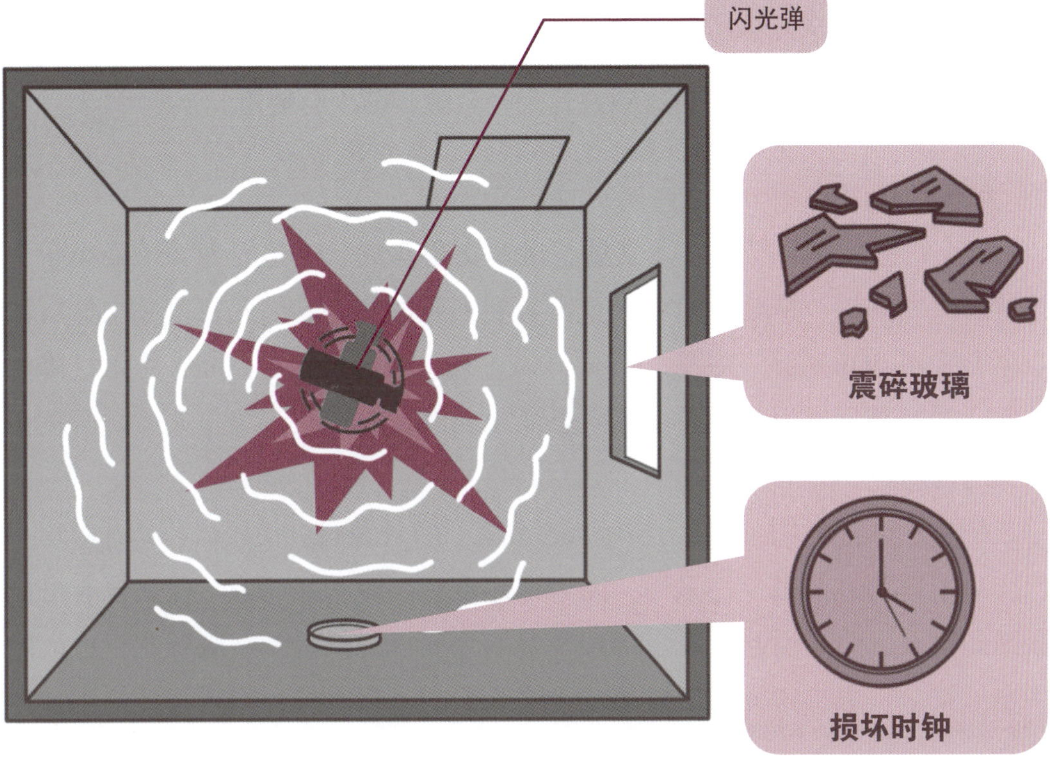

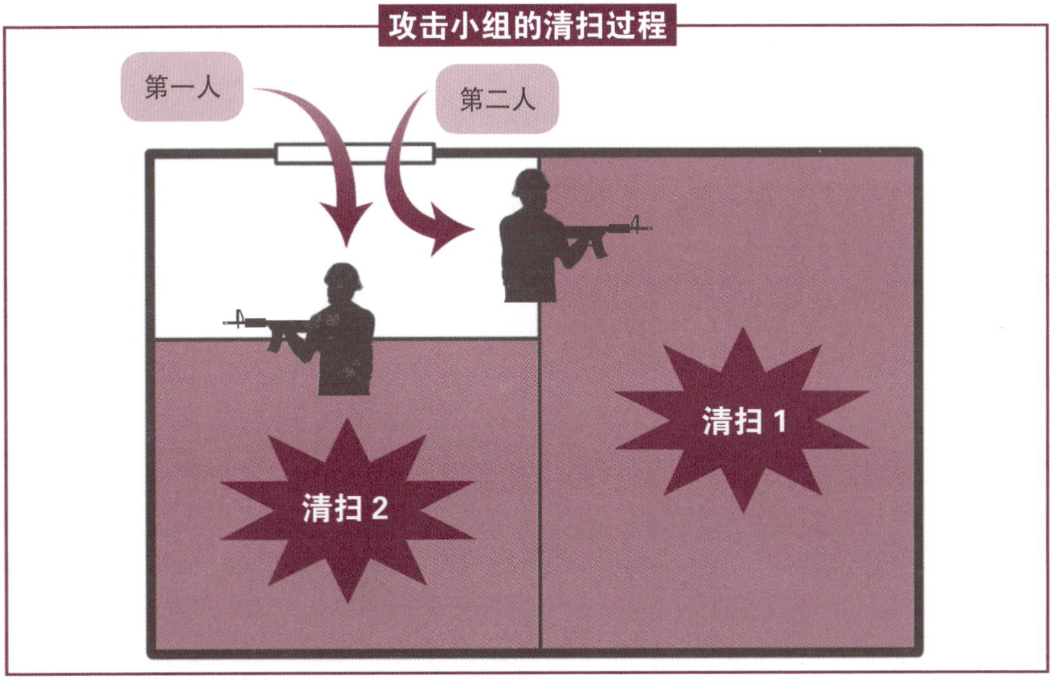

No.051 怎样破坏门窗攻入室内制服疑犯

特警一旦决定强行攻坚以后，攻击小组就会开始准备装备，因为破门和破窗所需要的装备不同。在电影中，特警往往是使用炸药直接炸开大门，但是在实际中因为这种方式太过危险，很少会使用。

如何破坏门窗

攻击小组战斗力极强，尤其擅长迅速突袭作战。这是因为如果疑犯手中挟持有人质的话，拖延时间会严重影响到人质的安全。因此在攻坚中，攻击小组会采用 CQB 战术，从数个方向同时进攻，混淆疑犯的判断，将抵抗降到最低。同时，也是为了在人质陷入恐慌之前就制服疑犯，防止人质妨碍攻击小组的行动。

在电影与小说中描述的人质解救行动中，特种警察会使用炸药炸开门窗。但实际中这种方式很少被采用，因为爆炸虽然能够破坏门窗，但是也有可能会因此伤及人质、引起火灾。特种警察的主要目的就是要制服疑犯，将人质平安地解救出来，这种后果显然是无法承受的，只有特种部队才会使用这种方法。

在作战中需要破门的时候，攻击小组一般会采用两种方式，第一种是使用专门的破门工具——破门锤来将门撞破，另一种则是使用装填了特殊弹药的霰弹枪打坏门锁。

而从窗户进入的时候，也有专门的破窗工具。这种工具并非是针对攻击小组专门制作的，而是与消防队等其他部门使用的一样。另外，如果要从地面攻击具有一定高度的窗户，攻击小组会使用特制的活动梯子。

有经验的攻击小组在作战的时候，除了攻击正门以外，还会同时选择窗户作为攻击入口。这是因为疑犯通常更注意在门口设置障碍，往往会忽略窗户的防御。与门相比，窗户的强度要弱一些，在攻击中也会节省一些时间。

电影中的常见破门方式

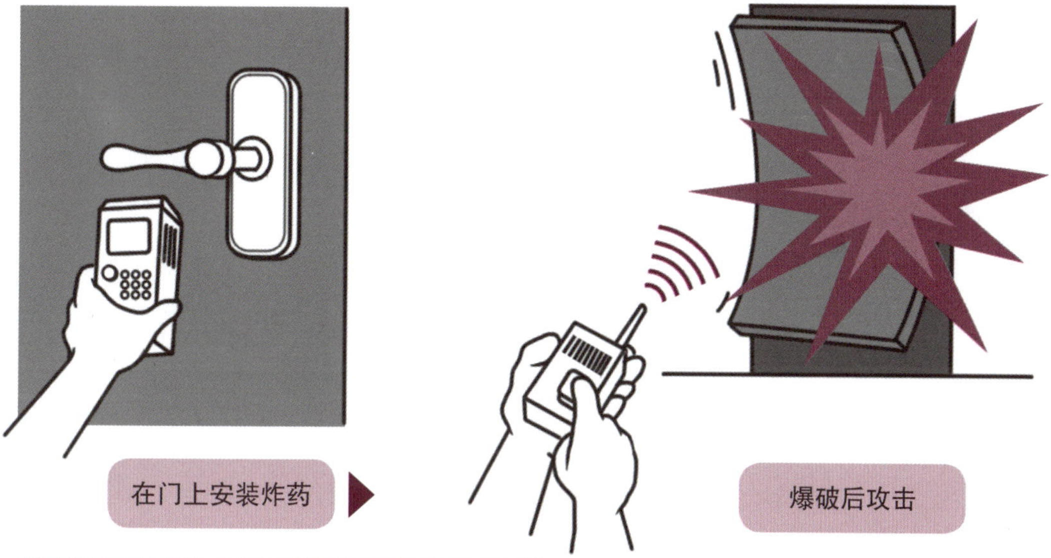

军方才会使用这种方法，特警很少使用。

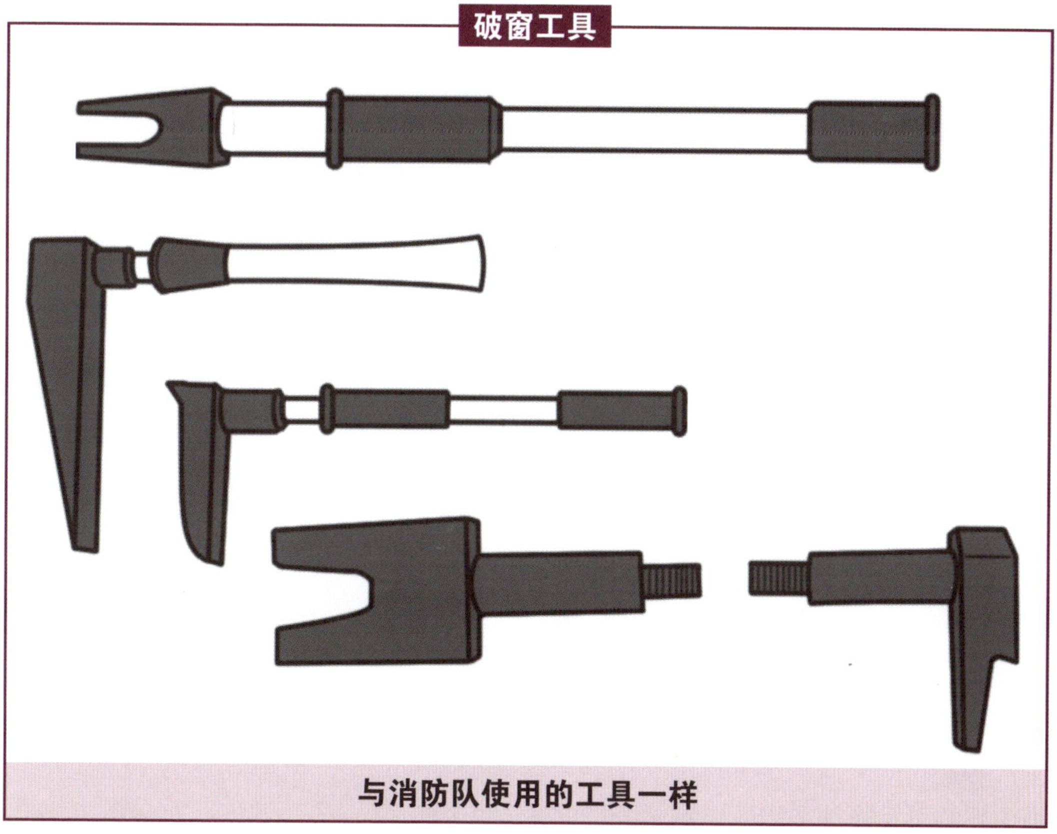

No.052 怎样进入疑犯挟持的车辆

有时候，疑犯会驾车逃走，当无法摆脱警方的追击时，就会躲在车内与警方对峙。这时候警方要如何逮捕躲在车内的疑犯呢？

避免误伤他人

在电影电视中，通常是选择让疑犯藏匿在建筑物内与警方对峙，很少描述特警对车辆进行攻坚。这是因为此类事件在实际中很容易发生，制片方不能根据实际来描述攻击小组的攻击方式。从剧情上来看，这种场面的火爆程度远不如攻击建筑物或者客机精彩。

实际中，对车辆进行攻击可以说是攻击小组最常见的行动之一。凡是绑架、走私毒品、走私枪械、抢劫等疑犯在逃亡的时候，最多使用的工具就是车辆。

由于汽车的空间密闭狭窄，通常只能由车外展开攻击。如果攻击小组的成员不能分别扮演好自己的角色，就有可能误伤人质。在攻击前需要拟定十分缜密的计划，决定好进攻的方向，队形的推进方式等。有时候还会使用另一辆同型车辆进行模拟演练。

在攻击行动中，最为重要的就是如何确定疑犯的所在方位。疑犯有可能自己自行驾车，也有可能在副驾驶，胁迫人质驾车。疑犯的位置不同，射击的位置自然不同，战术也有所不同。各个警员在攻击时，必须要保证在其射击方向上没有人质或者其他队员存在，防止误伤。

另外，击毁车窗的方式也很重要。如果隔着车窗对疑犯射击，子弹就会转向，甚至子弹的冲击力会使玻璃碎片乱飞。如果玻璃碎片伤及人质，就得不偿失了。在行动中，攻击小组会使用改造过的冲锋枪，或者单手使用的小铁锤，在敲破玻璃以后才进行火力压制。

疑犯在车辆中的位置

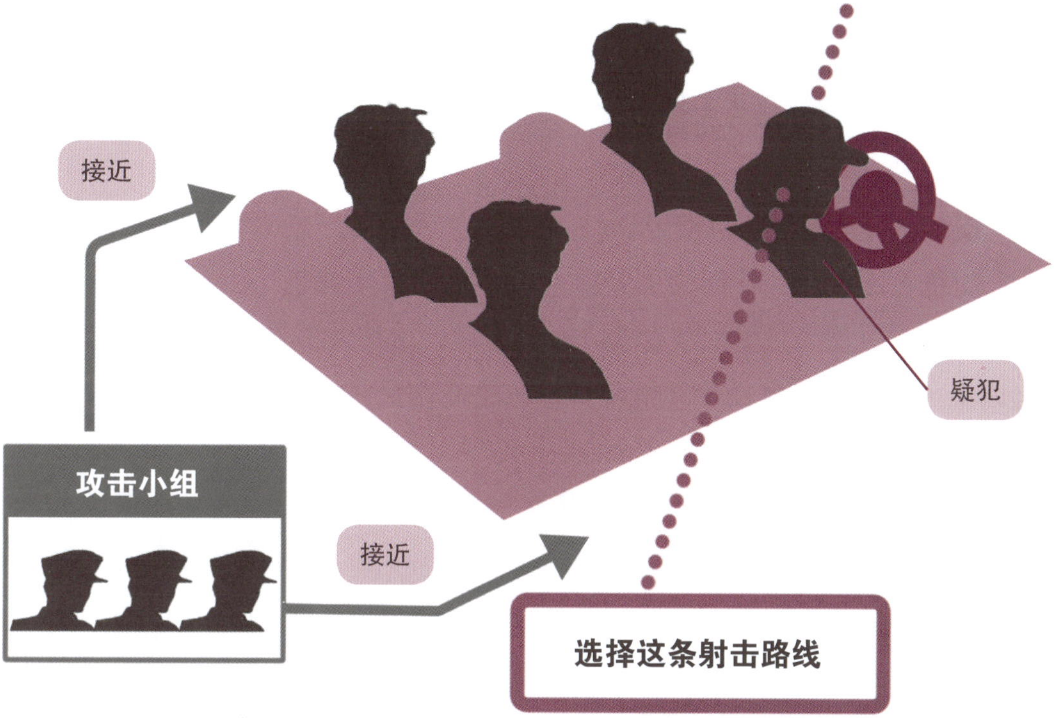

※ 特警多从车辆后方接近疑犯，移动的时候枪口不能朝向车辆。

注意车窗玻璃

No.053 怎样攻入歹徒控制的客机

客机一直是武装集团劫持的重要目标，特别是在20世纪90年代，由于安保设施和安全水准不足，常常是遭到劫持的对象。随着安全水准的提高，以及飞机上载有警察，客机的被劫持的数量才开始下降。

反劫机行动是最高机密

劫机在20世纪90年代十分横行，客机的攻坚战也一直都是攻击小组的最高机密。以最为常见的波音747客机为例，这种大型客机内部能够乘载300名以上的乘客。一旦反生劫机事件，攻击小组必须在其中寻找并逮捕疑犯，而具体的战术从来都不会公诸于世。

客机内部的空间狭长，发生劫机事件以后，疑犯往往会隐藏在乘客当中。如果不同时从多方向进攻的话，几乎不可能控制住局面并揪出疑犯。如果在机舱内发生枪战，很可能会引起乘客的恐慌而造成更大的伤害。

机门位于离地面5米的距离，这对攻击小组而言，也是一个大问题。在攻击当中，小组成员必须要想办法在不让机内人员发现的情况下搭设梯子，而且要在机身不晃动，机内人员毫无察觉的时候发起攻击。这究竟是如何做到的，我们无从得知。

在实际作战中，谈判小组需要通过与疑犯的沟通来转移其注意力，协助攻击小组接近飞机。攻击小组装备有12.7毫米口径的狙击枪，其威力能够轻松击破飞机的防风玻璃。在机身两侧负责监视的狙击手会全方位监视机内的动静，为攻击小组的作战提供足够的情报。

当把梯子搭设好，准备好强行破门以后，就要开始攻击了。首先会在驾驶舱附近投掷闪光弹，其他小组会以闪光弹为讯号，一起破门攻入机内。至于破门的方法、具体的攻击战术、人质与疑犯的识别方法等，都属于特警的机密。

波音 747 的结构

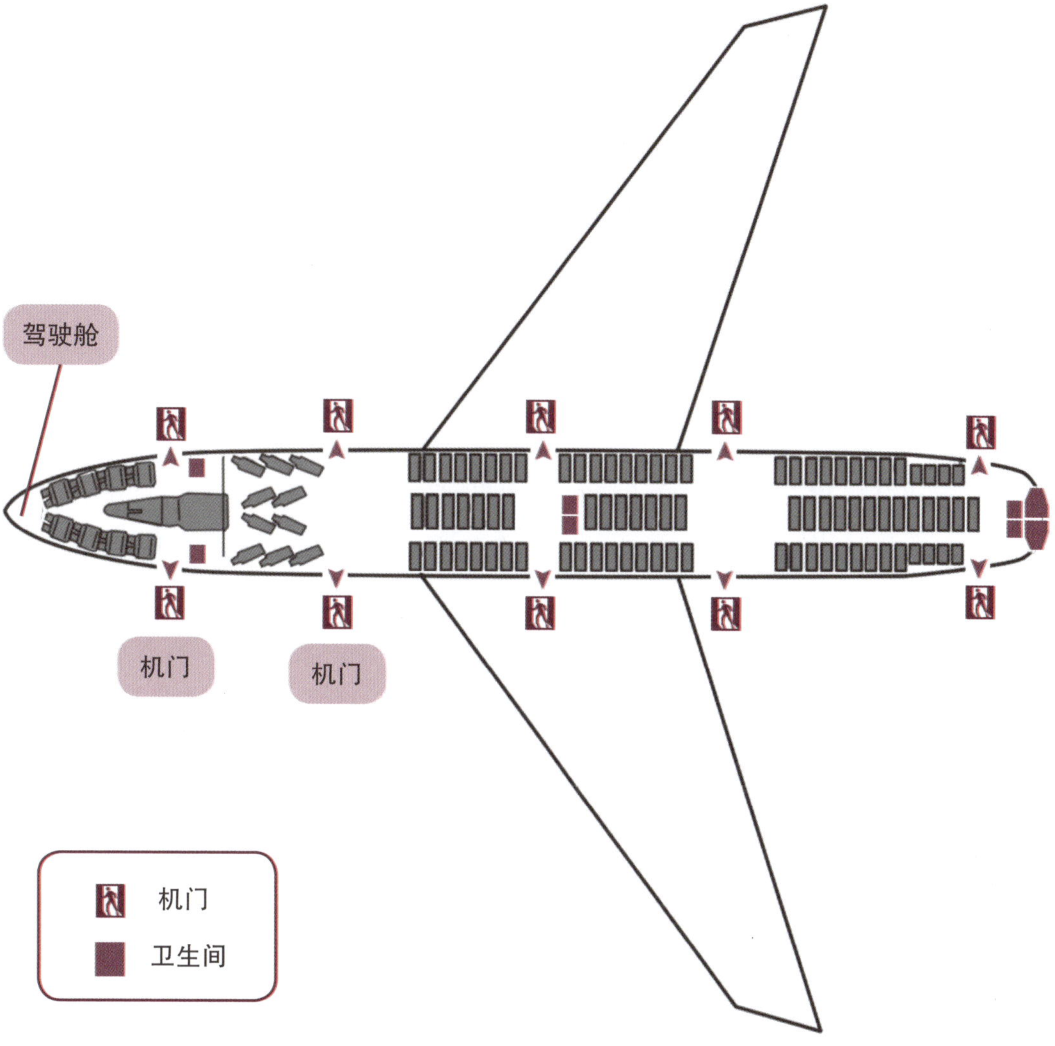
驾驶舱
机门
机门
机门
卫生间

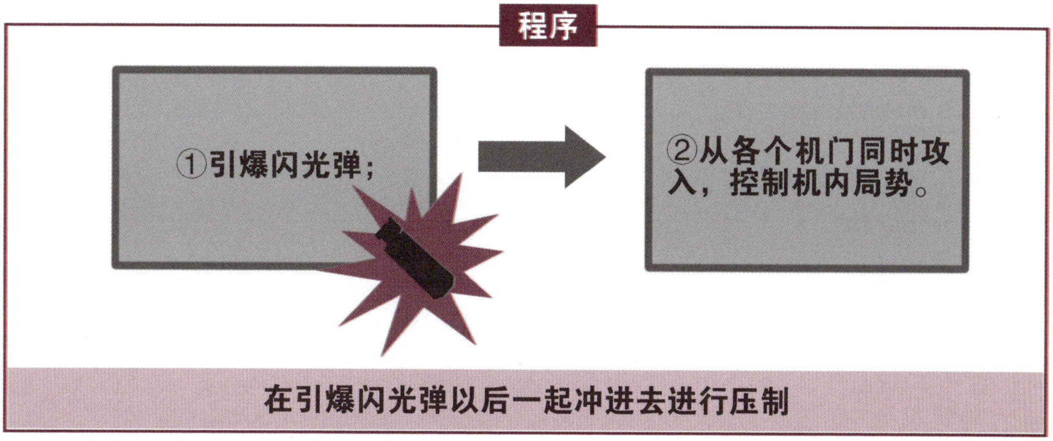
程序
①引爆闪光弹；
②从各个机门同时攻入，控制机内局势。
在引爆闪光弹以后一起冲进去进行压制

专题：影视作品中特警顾问的作用（2）

影片正式开始拍摄以后，特警顾问的工作量要比准备期间多很多，而且电视剧、电影、游戏的拍摄方式有所不同，必须要在符合要求的情况下区别对待。

以电视剧为例，能够用来拍摄的摄影机数量有限。在摄影棚里还可以调动好几部摄影机同时拍摄，但是外景的时候可能就不行了。

拍摄电影也有同样的状况。如果拍摄中使用的是胶片，除了一些预算充足的大制作以外，其他的剧组都会适当减少摄影机数量。

在拍摄使用枪械的动作场面时，更会让人累得头昏眼花。不仅要和负责着弹效果和血浆的人员合作，还要花费大量时间指导演员进行细致的准备。

拍摄游戏的时候要相对轻松一些。在拍摄中会使用“动态截取器”，让演员身穿全身关节有摄影标记的特殊服装进行拍摄。

使用动态截取器的特殊摄影会根据标记的动态画面，将一连串的动作拍摄成立体的影像。演员会一个一个动作地完成，逐步拍摄每一个场景。

在拍摄游戏影片的时候，很少会像电影、电视剧那样中途暂停并修改细节。大多都是从一个场景的开始一次性拍摄到结尾，或者当动态告一段落的地方。

拍摄时演员的表情、服装、枪械等，有可能会留待事后加工处理。重要的台词也会另外找配音人员进行录制。

游戏的拍摄现场与电影、电视剧不同，需要注意的地方也不一样。拍摄电影或电视剧的时候，只需要检查显示器上的画面范围即可。而使用动态截取器进行拍摄的时候，则要确认演员全身上下的每个动作。

在这时候，特警顾问往往会进行示范或者充当替身演员，因为他们的标准动作能够帮助导演考虑在画面中如何安排动作。

第四章

谈判专家

No.054 不持枪械也能逮捕疑犯

罪犯在犯案以后，心理往往会极度紧张，如果能够充分了解疑犯的心理，往往在不需要进行持枪对抗的情况下，就能够解决大多数的案件。

通过谈判逮捕疑犯

在影视作品中，绑架案或挟持案是颇受钟爱的题材。在情节设定中，多是由攻击小组攻入疑犯所藏匿的建筑物，解救人质并逮捕疑犯。

虽然这种情况的确是存在的，由于攻坚往往会造成人质、疑犯、警员的伤亡，因此一直都是逼不得已才会采用的方式。美国某个特种单位的资料指出，攻坚时人质遭到杀害的概率约为 10%。

对于军方而言，10% 的伤亡率是能够接受的，但是警方就不同了。因为警方是以保证人质安全为前提的，他们需要逮捕疑犯，而不是不计后果地将其击毙。在逮捕疑犯后，还要通过分析疑犯的心理，防止同类案件的发生。

警方以逮捕疑犯、预防犯罪为前提，很少会单方面地将其射杀。特种警察在攻击小组进行攻坚之前，会先由擅长心理战的谈判小组与疑犯进行谈判。每当发生绑架或者挟持事件的时候，谈判小组会首先出面，设法避免局势的恶化。

人质的平安与否，很大程度取决于疑犯的心理。疑犯决定杀害人质的时候，往往都是由于现场某个方面刺激到了他。这种时候，谈判小组就要负责从另一方面来刺激疑犯，保证其心理平静。

谈判小组首先会选定一名负责与疑犯对话的谈判专家，与疑犯进行深入地沟通，了解疑犯的心理，帮助稳定疑犯，甚至说服疑犯投降。

攻坚的时候被杀害

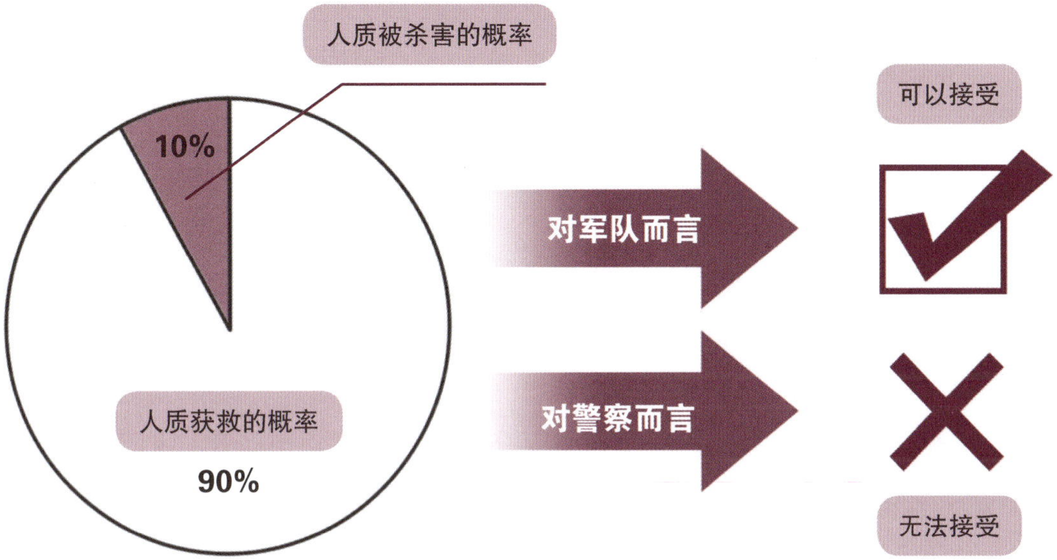

影视作品与现实中的案件发展

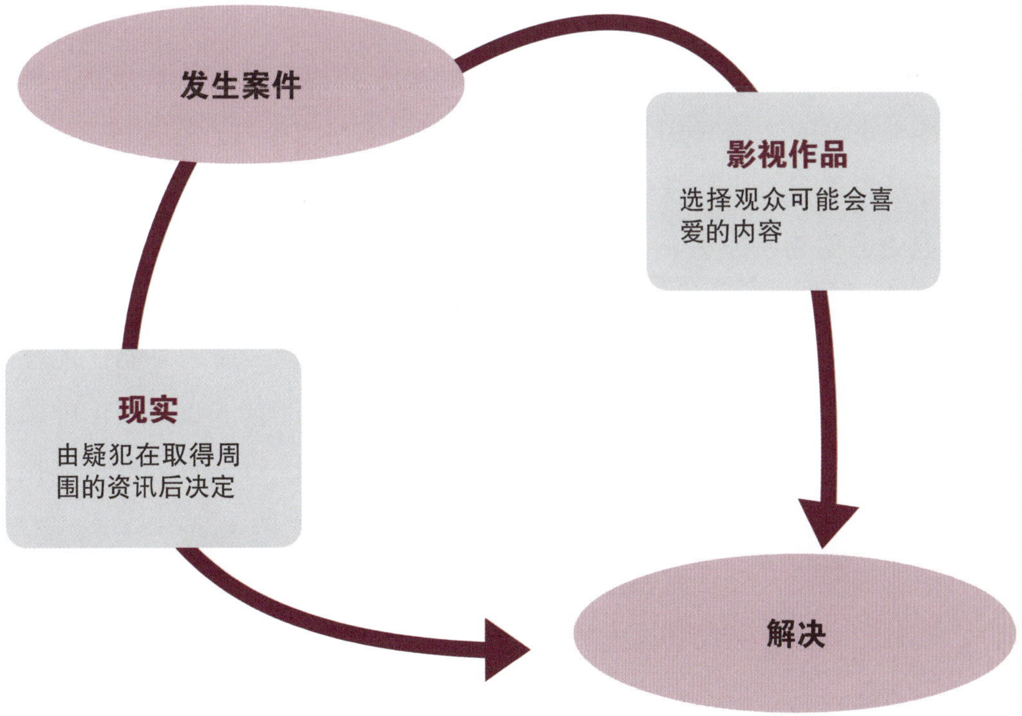

No.055 如何与疑犯谈判赎回人质

有的疑犯十分狡猾，城府极深，在挟持人质以后，一旦无法达到自己的目的，就会选择杀害人质，这种疑犯是最令人头疼的。

最为危险的疑犯

在疑犯当中，有一些完全不理会社会道德、价值观的人，心理分析小组将他们称为“反社会性人格倾向”。这种疑犯不会考虑到任何感情因素，往往很难对付。

在影视作品中，许多恐怖分子伴随着这种人格特点出场。他们想方设法地满足个人欲望，不顾任何社会规范的限制，他们往往城府很深，十分了解警方的行动，非常难缠。

有时候，他们会与人质充分沟通，骗取人质的信任，不但能够利用人质控制局势，还能满足其控制他人的优越感。

但是偏偏这种疑犯最为残忍，当人质变得碍事的时候，他们会毫不犹豫地杀害人质。他们心中没有被逮捕的概念，由于其缺乏良心和罪恶感，根本不会在谈判小组的诱导下投降，而是会想尽各种方法与警方进行对抗。

这种疑犯将犯罪当作乐趣，有时候是为了欺骗、控制他人，有时候则是为了获取更多的物质酬劳。还有一些是为了挑衅谈判小组、狙击手、攻击小组的特警们。

因此，谈判小组必须要想办法满足此类疑犯的欲望，如果不能让他在与警方的对峙中找到乐趣，他很可能会转而向人质动手。警方在面对这种疑犯的时候，一边要保持带给疑犯适度的刺激，一方面要分析疑犯心理，寻找主动打击疑犯的方法。

对于这种疑犯，无法寄希望其接受良心的苛责，只能通过口头或者行为刺激，让疑犯自己产生失误，从而将其逮捕。

恐怖分子的特点

不受社会道德、
价值观影响
不考虑被逮捕
以后的问题
骗取人质信任
充满自信，挑
衅警方
必要时会毫不犹
豫地杀害人质

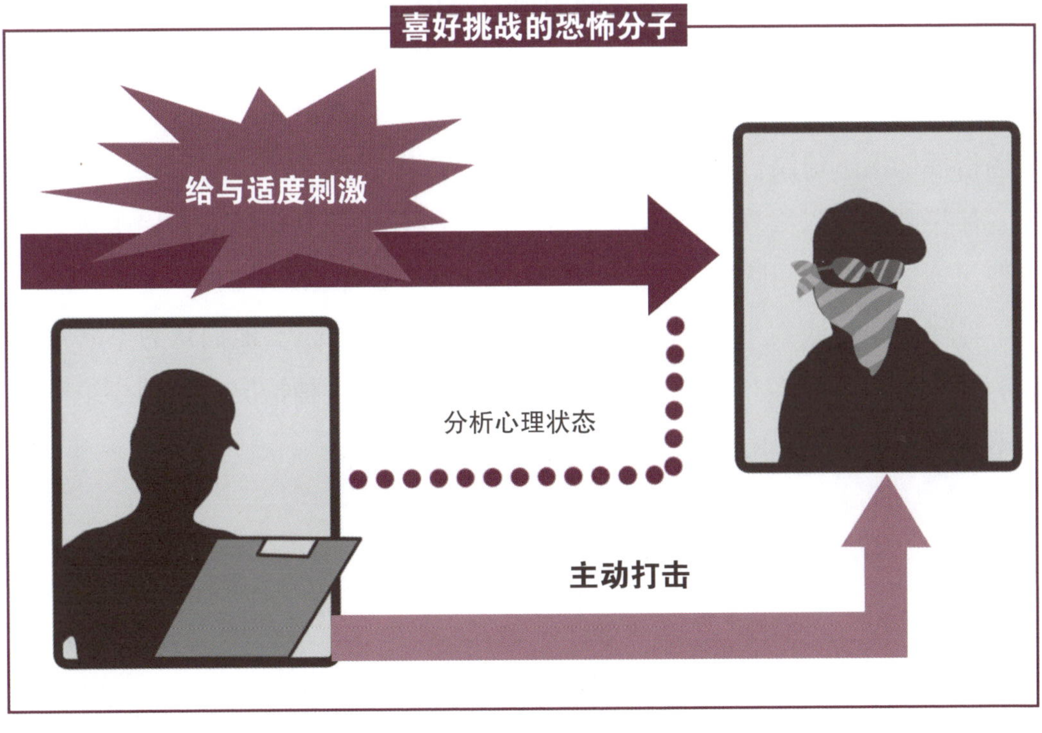
喜好挑战的恐怖分子
给与适度刺激
分析心理状态
主动打击

No.056 谈判专家的交涉对象

在电影小说中，谈判专家所交涉的对象主要是疑犯和人质。在实际中，谈判专家除了要与疑犯进行对话，还必须要根据自己与疑犯交涉的成果来与现场的指挥、攻击小组、高层进行内部交涉。

并不是所有人都赞成谈判

在影视作品中，谈判小组常常会通过与疑犯隔空对话，相互不断提条件。比如当疑犯提出一些要求的时候，谈判小组会让他们释放一个人质来作为交换。然而在实际中，除非得到了高层的允许，否则谈判小组是无权与疑犯进行交易的。

谈判小组在谈判的时候，不能自作主张。就算要送一个面包进去，也必须要向现场的指挥人员、高层请示。如果高层对此持否定的态度，很可能会驳回这类请求。

毕竟不管特种警察有多么特殊，也是官方的单位。案发后在现场会有大量的警员，因此必须要有严格的规定来维持现场的行动秩序。谈判小组也不会单独行动，要依靠各个团队之间的通力合作，与现场指挥部密切沟通，设法解决事件。

当疑犯提出要求以后，谈判小组内部首先会整合意见，统一意见以后向现场指挥部提出建议。

有些要求可以由现场指挥部做出决定，而有些甚至要惊动高层来决定。另外，现场的其他团队也可能会对谈判小组的意见提出质疑。

实际中，与谈判小组意见不合最多的就是攻击小组，他们认为不满足疑犯的要求会引导疑犯出错，有利于攻坚作战。遇到这种情况，谈判小组需要调整各单位的意见，由指挥部最终决定。

挟持事件的指挥系统

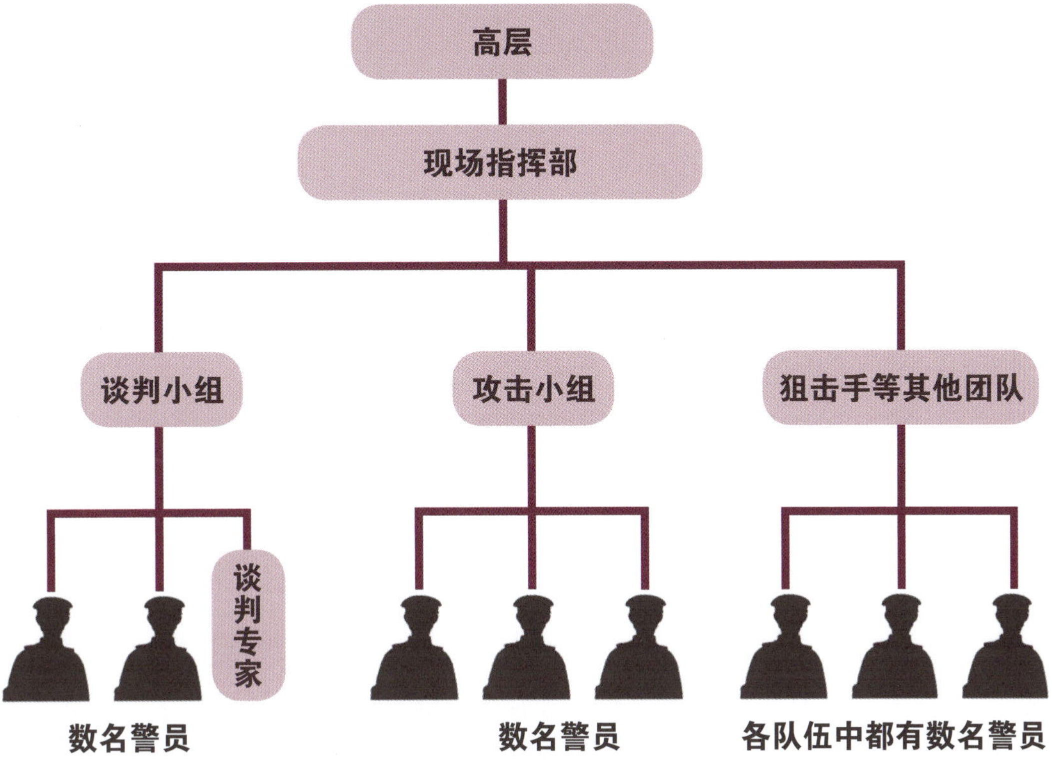
高层
现场指挥部
谈判小组
攻击小组
狙击手等其他团队
谈判专家
数名警员
数名警员
各队伍中都有数名警员

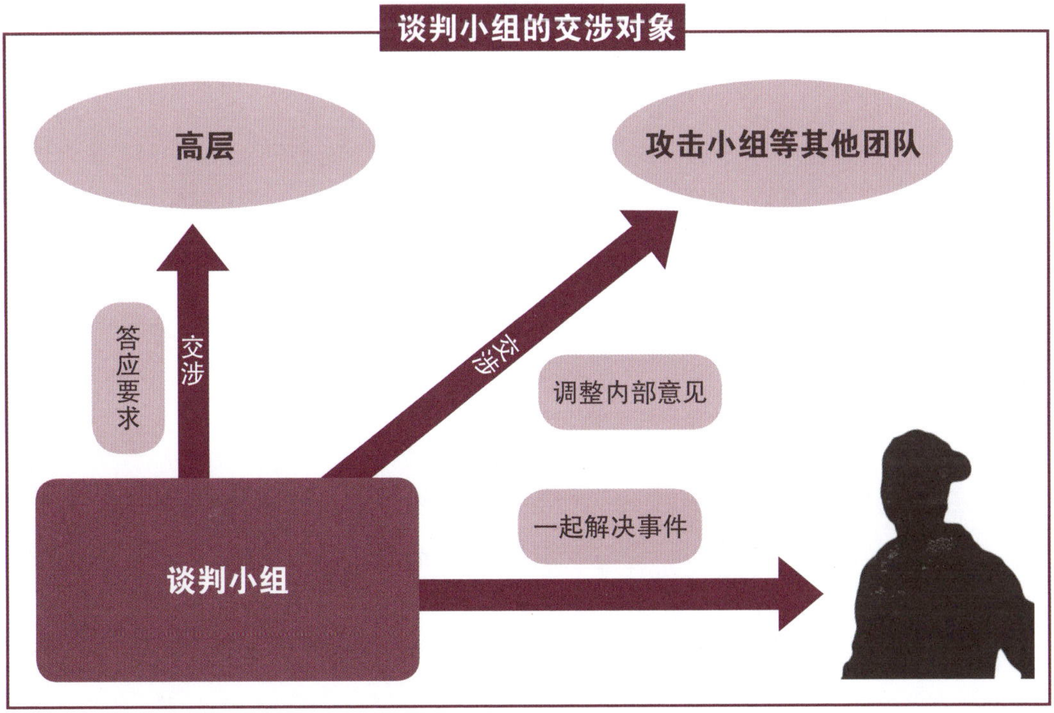
谈判小组的交涉对象
高层
攻击小组等其他团队
答应要求
交涉
交涉
调整内部意见
一起解决事件
谈判小组

No.057 能掌握疑犯情绪的“主动聆听法”

如果有人能够理解自己，任何人都会敞开心防。谈判小组常常利用这种心理，瓦解疑犯的警惕心，在积极聆听疑犯的同时，发出表现理解的询问，掌握疑犯的情绪。

倾听并理解疑犯

影视作品中所表现的谈判过程，往往是为了增加剧情的可看性。由于背后有完整的剧本设计，整个过程会显得过于合理。有时也会根据观众的口味或者制作单位的要求，将疑犯塑造成言行离奇的形象。

另外，会出现刑警单独与疑犯进行谈判的画面，这在现实中是不可能发生的，但是按照剧情的需要，能使影视作品产生更强的戏剧性与悬疑性，因此颇受制片单位的喜爱。

在案发现场，谈判的任务是不会交由个别警员负责的，而是会有专门的谈判小组。因此，整个过程会与影视作品中表现出来的完全不同。毕竟影视作品要在限定的时间内逮捕罪犯，完成案件的善后，这就免不了与现实产生很大的差别。

谈判小组在与疑犯进行对话的时候，必须把握好“听”与“问”的技术。听是要集中精力聆听疑犯的要求，而问则要向疑犯表达自己已经理解的内容，或者是确认疑犯所提出的要求。谈判小组将这种方式叫做“主动聆听法”（Active Listening），是谈判战术的核心所在。

在相互的对话当中，越是互相确认，深思熟虑，对话中包含的咨询就越确实。为了确定疑犯的心理、想法、感情、意图，谈判小组会耐心聆听，不断发问确认。

比如，某个疑犯诉说自己工作的不满，警员就要适时回答说“你是为了与同事之间的不快而生气吗？”。如果疑犯真的是这样，那么会因为警员的理解产生好感。如果猜错了，疑犯也会对警员的猜测进行纠正，不管是哪种状况，都能令警员掌握疑犯的心理。

人质谈判需要团队合作

影视作品
实际
多半由个别刑警单独出动
团体合作负责谈判

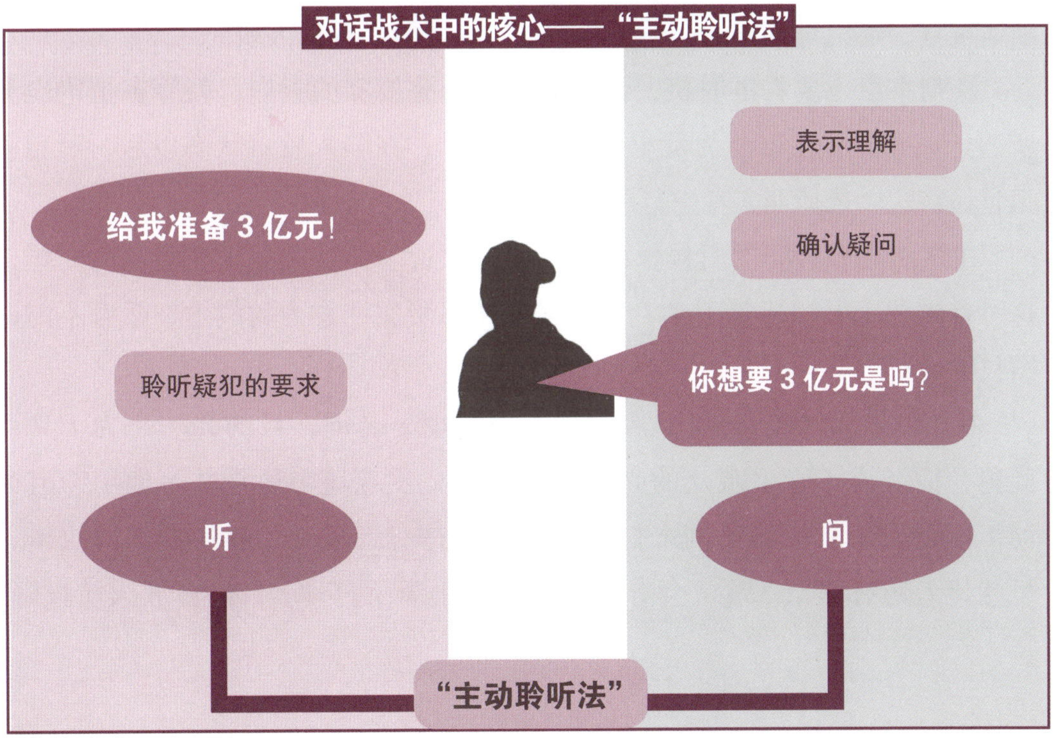
对话战术中的核心——“主动聆听法”
给我准备 3 亿元！
聆听疑犯的要求
表示理解
确认疑问
你想要 3 亿元是吗？
听
问
“主动聆听法”

No.058 怎样说服疑犯

在与疑犯进行谈判的过程中，疑犯的配合不可或缺。如果疑犯无论如何都不答应交易的话，案件就很难解决。为了能够打动疑犯，谈判小组必须要有能够充分打动人心的说服力。

不能仇视疑犯

这里所说的说服，是双方仔细商量，令对方接受，不代表通过诱导疑犯，或者蒙骗疑犯的对话技术。过程中要给疑犯充分的思考时间，理解如何能够同时满足双方的需要。

在具体的战术方面，有“部分同意”疑犯说辞的战术。就算疑犯的想法让人觉得无法苟同，也要对疑犯表示理解。这样能够令疑犯将其心中的愤怒、痛苦充分表达出来，谈判小组也能以此深入了解疑犯的心理，双方的感情共鸣能够促成互信的关系。

另一种有用的方法是“小约定”战术。因为疑犯不可能轻易释放人质，警方可以在事前一再重复订立小约定并履约，培养双方的信任关系，这样不断地重复，疑犯对警方的信任不断增强，就越容易释放人质。

谈判小组也要看准时机，询问疑犯是否有投降的意向，就算被拒绝也无所谓。只要能够在事前为疑犯提供多种选择，在陷入胶着状态以后，疑犯就很容易将这个选择列入考虑范围之内。

在试图说服疑犯的时候，必须要保持理智。如果疑犯正在激动的时候，这时首先要令疑犯冷静下来，可以采取转移疑犯注意力的战术，千万不能试图驳倒疑犯。

在影视作品中，谈判中常常会引用心理学名词，目的并非是为了帮助疑犯，而是为了吸引观众的兴趣。实际的案发现场中通常并不使用专有名词，而是引用以往的案例来打动疑犯。越是有亲近感、容易理解的故事，也就让人越有印象。常常会有疑犯被谈判小组所打动，最终释放人质投降。

“部分同意”战术

“小约定”战术

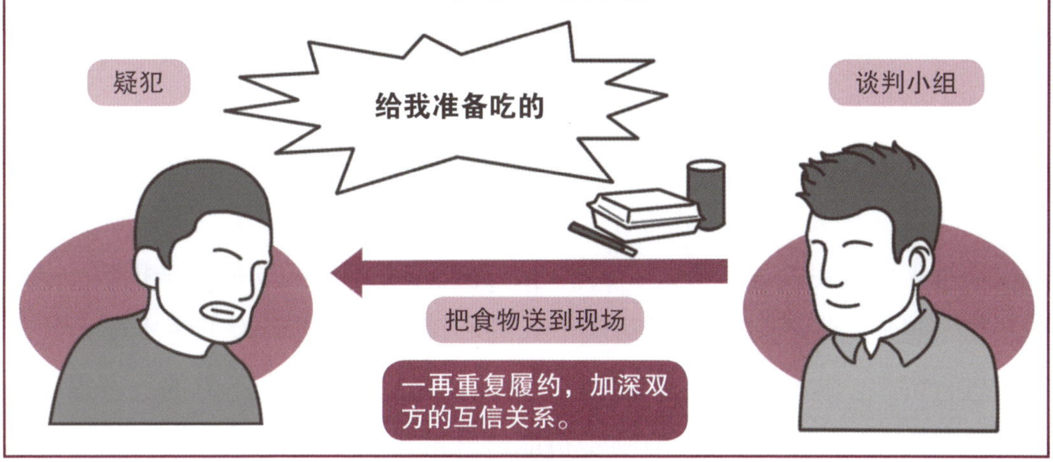

“插曲”战术

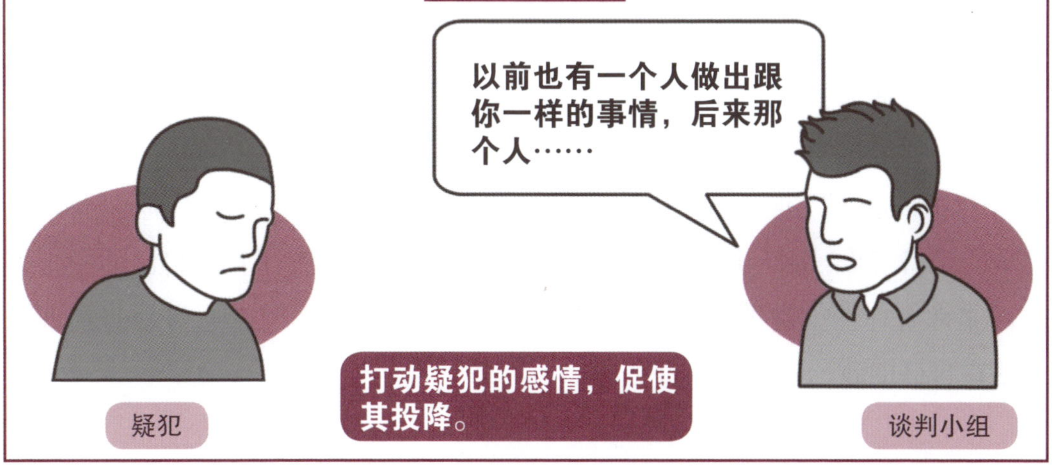

No.059 哪种疑犯会挟持人质

挟持人质或者进行绑架的疑犯，各自都有自己的动机与目的。谈判小组不仅要观察疑犯的言行，还要考虑到不同疑犯的背景。在各种任务当中，理解疑犯都是解决事件的关键。

从罪犯到恐怖分子

谈判小组在开展任务之前，首先会调查对象的信息。如果尚未摸清疑犯的类型，就贸然与之进行谈判的话，很难了解到疑犯的动机和目的，更不要说采取相应的措施。种疑大致能够分为“犯罪型”、“幻想型”、“压抑型”、“恐怖分子”四大类。

“犯罪型”疑犯大多都是为了逃亡才绑架人质，在选择人质方面也不会考虑太多，基本都是随手挟持过路人。由于人质与疑犯并不认识，仅仅是被当作逃亡的工具，因此人质很容易受到疑犯的伤害。

另外，还有一些疑犯是为了换取物质利益对特定的目标进行绑架。在这种情况下，必须要分析疑犯是有缜密的计划，还是一时冲动犯下罪行。这样不仅能够了解疑犯的思考方式、人格等，还能依此判断人质的安全指数。

“幻想型”疑犯则是为了达成个人的心理幻想，或者为了解决个人的困境而进行绑架。这种人往往有妄想症，不能体会到自己所犯事件的危害程度。另外一种容易引发此类案件的则是指能够理解现实，但是本身不能适应社会的人。

“压抑型”疑犯是因为疑犯无法忍受当前生活的待遇，导致其负面情绪集中爆发，想要由此引起社会注意。通常人质多是普通的职员，同时也是他们发泄的愤怒情绪的对象，容易受到伤害。

“恐怖分子”进行恐怖活动的目的，是要引起他人的注意，他们会做好周全的准备工作，制定详细的计划。其制造事件的目的在于宣传自己的主张，言行非常有理性。这类疑犯与其他类型的疑犯有很大不同，通常是非常理智地站在自己的政治角度，向警方提出具有政治性的谈判。

常见的四种疑犯类型

犯罪型	人质危险度★★★☆☆
特征	• 为了逃亡或者金钱目的发起行动； • 常常以素不相识的路人为人质； • 与人质并无交情，人质危险程度高。

幻想型	人质危险度★★★☆☆
特征	• 为实现个人心理幻想而发起行动； • 有妄想症或其他幻想症状，无法正确认识现实； • 与人质并无交情，人质危险程度高。

压抑型	人质危险度★★★★☆
特征	• 无法忍受当前的生活待遇而引发事件； • 普通职员是其愤怒情绪的对象，立场十分危险。

恐怖分子	人质危险度★★★★☆
特征	• 为引起他人注意而发起行动； • 准备完善，十分理性； • 站在自己的政治角度提出政治性要求。

No.060 谈判专家有决策权吗

在描述挟持人质和绑架事件的影视作品中，谈判小组往往会许诺满足疑犯所提出的要求。在实际中，谈判小组的成员并没有这种权力。

没有决策权能更好与疑犯对话

也许读者们会觉得奇怪，负责与疑犯进行谈判的谈判小组竟然没有决策的权力。在案件当中，谈判专家要负责与疑犯进行直接谈判，谈判小组的负责人则会根据谈判的内容，下达相应的谈判指示。

当疑犯提出送食物等要求的时候，谈判小组并没有权力答应。必须要向疑犯表示“我无法当场做出决定，需要和上级协调”。因为如果当场与疑犯达成协议的话，事后则必须遵守约定。如果约定的内容与高层决策不符合，那么就会造成对疑犯毁约。

谈判小组越是拥有决策权，就越容易受到疑犯的胁迫，疑犯会强迫谈判小组当场下决断，反而会增加流血事件的风险。疑犯会不惜以伤害人质等激烈行为进行威胁，加剧现场的紧张气氛。在这种情况下，不给疑犯充分的思考时间，也无法进行“争取时间”的战术。

另外，如果拥有了决策权就表示要当场下决定，会使得谈判小组无法客观地掌握现场状况。一边说服疑犯，一边下决定的风险太大，很可能会导致无法充分掌握疑犯的心理，导致局面持续恶化。

在与疑犯进行谈判的过程中，重要的不是做决断。真正重要的是通过与疑犯进行对话，促使疑犯改变心意。在执行任务的时候，警员一方面要考虑到警方的立场，另一方面则要考虑对疑犯心理造成的影响。

不管是多么优秀的“谈判专家”，也无法一边说话一边决定关系旁人性命的事情。谈判小组必须要非常谨慎地进行对话，充分考虑双方的立场、心情，尽量实现互相理解。

疑犯的要求获得许可的流程

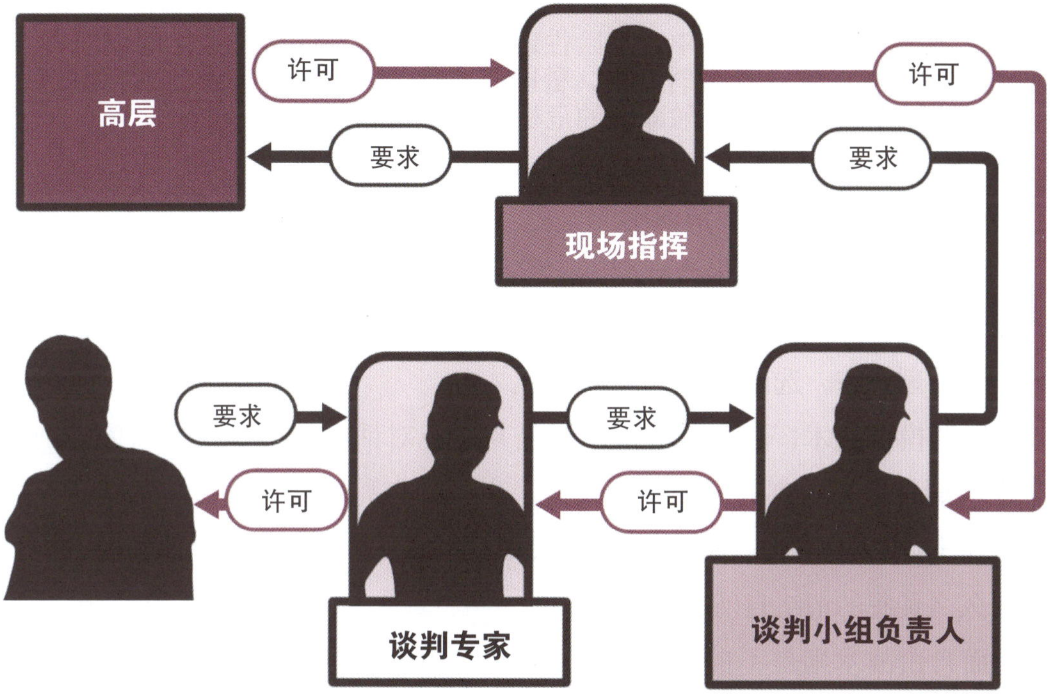

谈判小组可以决策的缺点

- 疑犯逼迫警员现场决断，提高流血事件的风险；
- 无法使用“争取时间”的战术；
- 谈判小组必须当场做出决断，无法客观掌握情况；
- 无法充分掌握疑犯的心理状况。

谈判小组必须通过对话，力争达到既满足疑犯的要求，又能使疑犯回应警方的要求。

No.061 如何稳住疑犯

在挟持人质的事件中，危险性最高的就是事件刚刚发生之时以及即将解决之前。在这两个时段中，警匪双方都会极度紧张，因此谈判小组需要谨言慎行，避免一触即发的危机。

不同情况下的不同对话战术

谈判小组一般会使用三种战术，使心情激动的疑犯慢慢稳定下来。分别是模范战术、自由战术、扰乱战术。实际进行谈判的时候，谈判专家会根据对方的心理状态，选用最为适当的战术。

所谓模范战术，正如字面所示，是与疑犯对话的标准模式。如果谈判专家在与疑犯进行谈判的时候使用高速、高压的言辞，疑犯会更加激动而导致冲动行事。相对而言，如果说话的方式稍微柔和，节奏和语速也都稍慢一些，久而久之疑犯的情绪自然就会冷静下来。

而自由战术则是不催促疑犯，让疑犯自由表达自己的想法。这种战术也非常有利于稳定疑犯的情绪。谈判专家会安排充足的对话时间，让疑犯能把压抑在心中的想法全部吐露出来，在对话过程中不会打断疑犯的话。疑犯说得越多，警方也就能获取更多的资讯。

至于扰乱战术，目的则是在动摇疑犯的心理。因为许多疑犯在犯案之后都会产生后悔的想法，这种想法常常会导致疑犯产生自杀或者伤害人质的行为。而扰乱战术就是根据不同事件，疑犯的不同心理对其进行诱导。

疑犯如果无法承受心理压力，可能会做出意料之外的举动。在大多数挟持人质的事件当中，疑犯都会在紧要的关头考虑究竟是应该释放人质，还是杀害人质逃亡。

因此，谈判小组需要不断与疑犯进行对话，吸引疑犯的注意力，让疑犯没有时间考虑太多。尽可能地研究满足疑犯要求的方法，让疑犯能够跟随谈判专家的节奏进行思考。就算双方的对话并不十分搭调，只要能够吸引疑犯的注意力，谈判专家的战术就算成功了。

模范战术

对话战术的模范

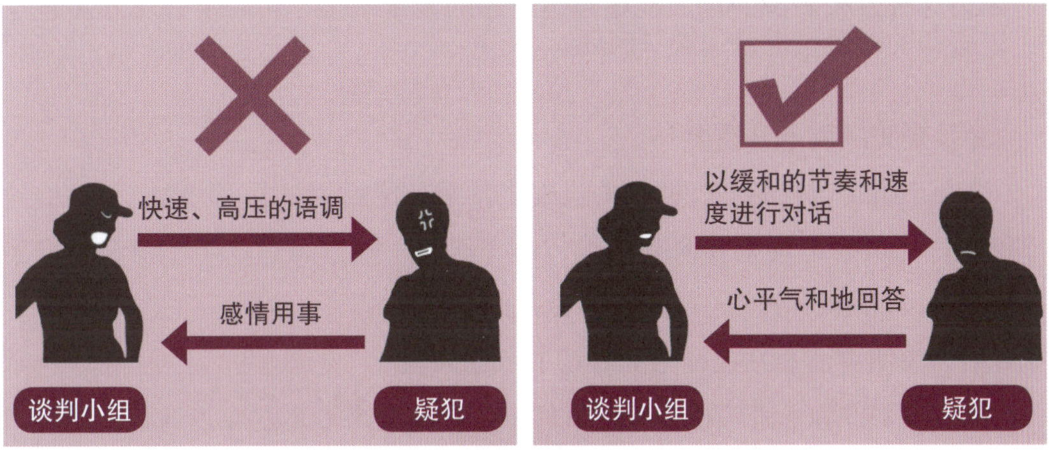

自由战术

不催促疑犯，给予其充足的时间。

扰乱战术

动摇疑犯的心理，吸引其注意力。

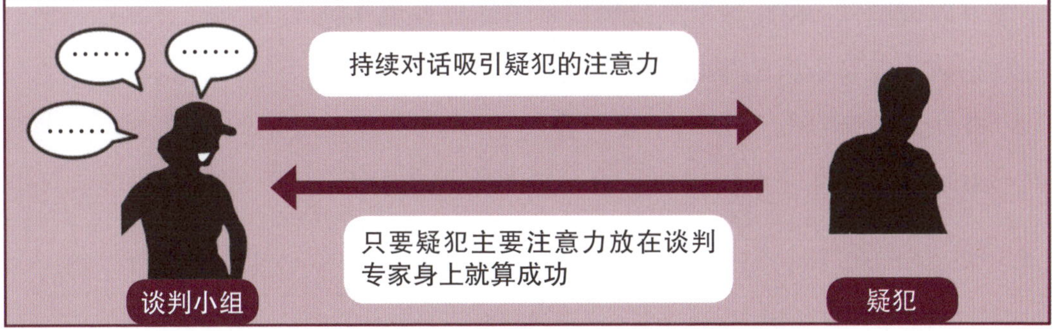

No.062 谈判时如何称呼疑犯

在电影和小说中，容易把疑犯和谈判小组放在对立的立场上对话。因为这种互相刺探的场面能够塑造作品的紧张气氛。现实中，双方会通过缓和的对话谋求合作解决问题。

顾及疑犯颜面十分重要

谈判小组在与疑犯进行谈判的过程中常常会使用“我们”和“他们”等词语。“我们”代表的是疑犯和谈判小组，而“他们”则指的是攻击小组、狙击手等其他警员。在谈判过程中会出现“让我们好好想想”、“他们不接受这个要求”等对话，表明自己会站在疑犯的立场上考虑问题。

其实只要冷静下来考虑，任何事件中疑犯的结果不是达成目的就是失败。疑犯如果不和谈判小组合作的话，其要求很难达成。而谈判小组如果没有疑犯的合作，就无法答成和平解决事件的目的。

在应对挟持事件和绑架事件的战术中，最重要的一项就是如何取得疑犯的信任。谈判专家必须要维持实际的观点，谈判过程中也绝不能说谎。与此同时，也要理解疑犯发起事件的动机和目的，与疑犯产生共鸣，让事件向和平解决的方向转变。

若是疑犯提出准备武器弹药等不合理要求的时候，警方是绝对不可能接受这种条件来交换人质的。尽管如此，谈判小组仍要对疑犯提出的要求表示理解。

认真对待疑犯提出的任何要求，才能和疑犯建立相互信赖的关系。即使是明知道这种要求不会得到满足，也要告诉疑犯“这有点困难，不过，会向上级争取试试”。在遭到拒绝以后，要向疑犯表示“抱歉，没能帮你争取到”，让疑犯认为谈判小组的确是尽力了。

另外，在谈判的过程中，要注意绝对不能伤害到疑犯的自尊心，因为谈判小组越是看重在交涉的成功与否，疑犯则越会表露出利己的态度。

“我们”和“他们”

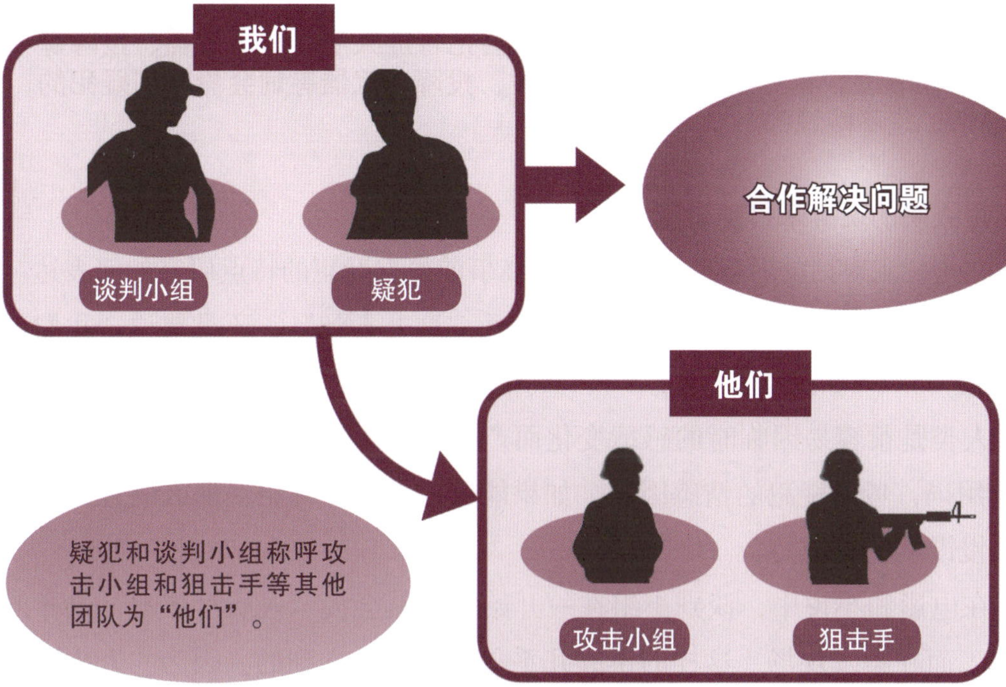

认真看待疑犯的要求

1
2
3
4
5

No.063 哪些话是谈判的时候不能说的

在电影和小说中，谈判小组常常会把释放人质、放下武器、投降等词挂在嘴边。其实在案发现场，人质、投降、武器等词会影响到疑犯的心情，是不能说的。

用委婉的说辞来打动疑犯

在与疑犯对话的时候，谈判小组会在事前根据疑犯的特点研究如何表达。在无法达成疑犯要求的时候是要直接表示“这办不到”，还是要说“我们试试看吧”。不同的说法，疑犯接收到的信息也会有所不同。

人类是很容易因临时的感情变化而产生动摇的生物，因此谈判小组需要慎重用词，考虑疑犯的情感因素。如果能够成功打动疑犯，那么疑犯的言行就会慢慢发生变化。

在电影和小说中，谈判小组在一开始往往就会说“人质没事吧”这样的台词，而在案发现场，这样的说辞几乎是不可能被提到的。因为“人质”这个词一旦说出口，很可能就会当场逼急了疑犯。这会让疑犯认为警方唯一看重的就是人质，并不在乎疑犯，让其更加看重人质的价值，也更容易发生以人质威胁警方，或者通过伤害人质来实现其要求的情况。

因为有这些顾忌，谈判小组在对话的时候会修改用词。一般不使用“人质”这个词，而是委婉询问“其他人还好吗？”这种说法不会刺激到疑犯，因此比较安全。

在案发现场，假如疑犯要求警方送食物等补给物品来交换人质。在电影和小说中会说“好，按照约定，你先释放一个人质”。而在案发现场则会说“请送一个人过来”。

就算疑犯提出不合理的要求，谈判小组也务必要沉着应对。遇到这种情况的时候绝对不能说“我们无法接受这个要求”，而是要说“他们应该不会同意，不过，我们先转达过去看看”。重点在于不管表达什么内容，都要首先考虑疑犯听到后的感受。

影视作品和现实中的不同

影视作品		现实
释放人质	→	送一个人到这里来
放下武器 出来投降	→	你准备出来了吗?
人质都平安吗	→	其他人还好吧?

说话前要考虑疑犯听了以后的感受

影视作品

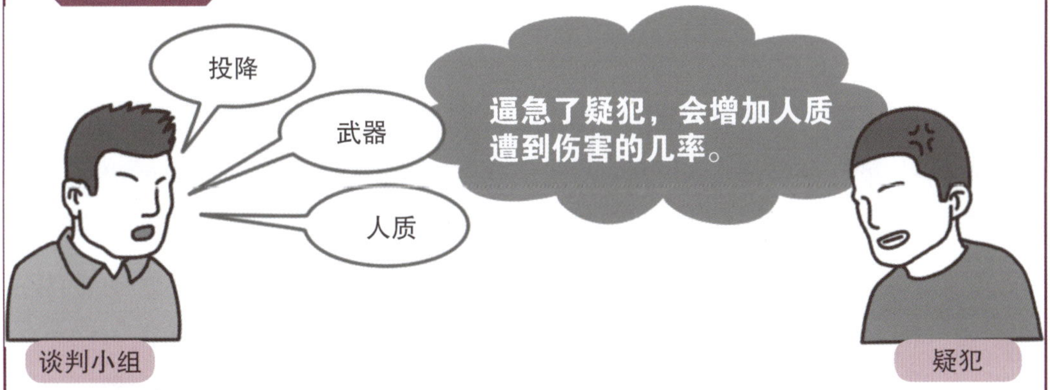

现实

No.064 罪恶感引发的挟持案

悲伤、愤怒、绝望等负面情绪有时候会支配个人的想法，使人无法分辨现实。在“幻想型”疑犯中，有些人是因为恼怒自己没有存在的价值，或者是因为某些行为的罪恶感而引起事件。

由于罪恶感而放弃自我

在以前的一些影视作品当中，大多数疑犯都会挟持着疑犯从窗户里向外探头，拿着枪大喊着“我要杀人质了，快给我准备逃亡的车辆”。

然而，会出现一些说着“别过来……不要管我”此类话的疑犯。这种反应，其实是模拟了精神受到创伤的“幻想型”疑犯在作案时的实际表现。

精神受创的疑犯在挟持了人质以后，谈判小组很难与其成功进行对话。这种疑犯往往认为自己没有生存的价值，选择逃避现实。因此，他们在面对提问的反应与普通疑犯不同，有时候对谈判小组的问题置若罔闻，有时候则是答非所问。

这类疑犯常常容易选择家人或者熟人当人质。因为疑犯心怀妄想，认为自己对这些人负有责任，只有让大家从痛苦中解脱出来才是唯一的办法。他们认为将其杀害后自杀是让双方解脱的唯一途径。

要使这种疑犯的心理产生变化，一般有两种方式，一种是时间，另一种就是共鸣。花费时间慢慢来解析疑犯的心理，能够令疑犯打开心扉，与谈判专家进行深入的沟通。相反，若是着急赎回人质，往往会把疑犯逼入死路。

在决心自杀时，疑犯往往已经抛开了一切。如果在谈判中发现疑犯的对话氛围突然改变，或者疑犯已经开始嘀咕“没事了，已经没事了”这类话的时候，很有可能他已经决定要自杀。在这种时候，谈判小组必须要正面逼问“你打算自杀吗？”来强迫疑犯面对现实。

影片中疑犯形象的变化

精神受创的疑犯特征

- 很少与谈判小组进行对话
- 对问题反应很慢
- 人质通常挑选家人或者熟人
- 会杀害家人后自杀

No.065 争取时间的意义

在描述挟持事件的影视作品中常常听到现场的负责人说“通过谈判争取时间”。在现实中，这是在案发现场时常发生的事情。争取时间并不是临时的应付，而是具有重大意义的战术。

充足的时间对解决事件至关重要

在面对紧急情况的时候，心里越是紧张压抑，疑犯的心情也就越不稳定，容易产生暴力的言行。这时因为在有压力的时候，肾上腺素会大量进入血液，使得心跳加速，导致人无法冷静思考。

正因如此，谈判小组在谈判的时候不会逼迫疑犯，而是采用以“争取时间”为目的的战术，使疑犯的心情平静下来。只要疑犯不受到外来刺激，让其稳定下来对解决事件意义重大。随着时间的变化，疑犯就会逐渐冷静下来，自己考虑所面对的问题。比如，疑犯有可能会逐渐陷入自责，为自己犯下的案件感到后悔会觉得十分疲惫。

疑犯必须要面对犯案之前想都没想到过的现实状况，尤其是事件的发展与疑犯预想不符。

在这种情况下，如果疑犯的情绪比较激动，很有可能会出手伤害人质，因此警方必须要设法令疑犯在进行下一步行动前理性思考。

争取时间不仅是稳定疑犯情绪的重要方式，谈判小组也需要有充足的时间来应对案件。在应对意外状况的时候越是慌乱，就越容易将事情搞砸。相反，如果有着充足的时间，谈判小组也能够保持冷静，预计出疑犯的反应，提前做好应对措施。

谈判中的主导权要始终掌握在谈判小组手中，在对话过程中必须让疑犯没有太多的思考时间，同时，不能给其造成太大的压力，保持其适度的紧张情绪。

时间对事件的影响

采用争取时间的战术，能够提高疑犯理性活动的几率。

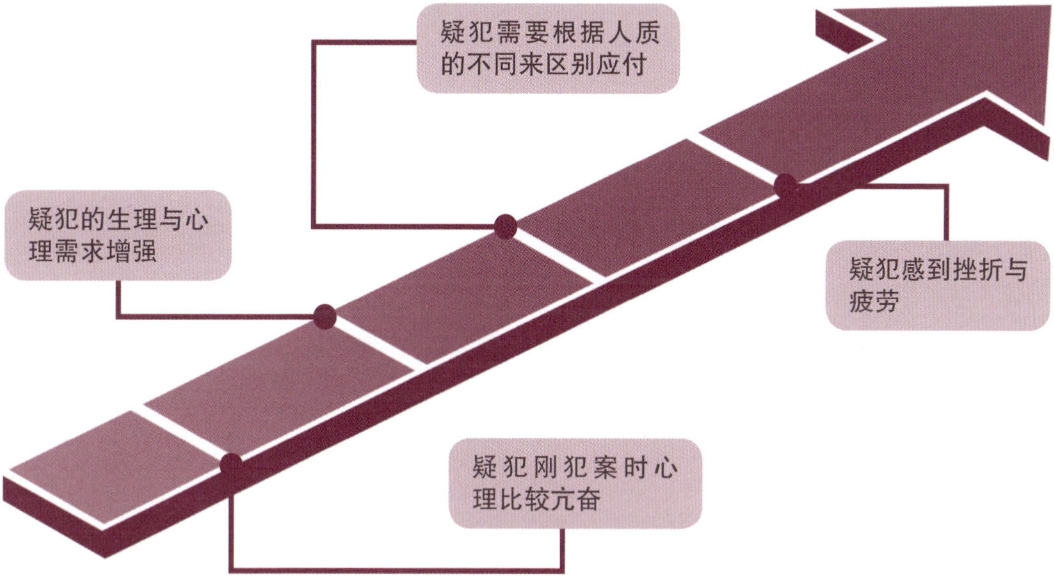

谈判小组的行动与疑犯的感情

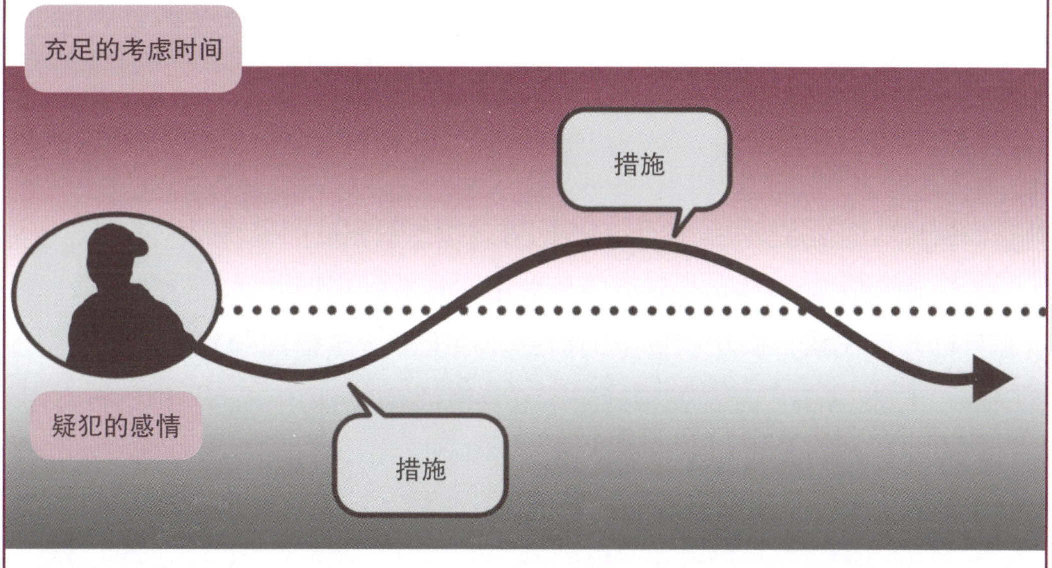

对话过程中不能给疑犯过多的思考时间，又要让疑犯不感到压力，保持其适度的紧张。

No.066 怎样在谈判中让疑犯自白

为了能够让事件和平解决，警方需要仔细分析疑犯的心理状态，谈判小组要善用自己的口才，使疑犯主动说出自己的想法，获取大量的信息。

封闭性提问与开放性提问

谈判小组的成员都是沟通交流的专家，精湛的对话技巧是他们解决事件的关键。谈判小组要随时提高自己的对话能力，与各种各样的人接触，培养自己的口才。

在面对不同的对象时，所需要采取的沟通方式也不同，这也是在谈判时的难处。只有理解疑犯的心情，掌握疑犯的立场与想法，确定其作案的动机与目的，才能找到解决事件的线索。

引起挟持事件的疑犯，其言行与本身的人格特征、背景状况有着莫大的关系，谈判小组在对话的过程中需要仔细观察疑犯，调整与疑犯沟通的方式。在面对精神紧绷的疑犯时，单纯地与其讲理论毫无用处，这时候需要温和地与疑犯进行沟通，缓解其紧张的情绪。否则，只会让事件更加复杂和混乱。

谈判专家必须要随机应变，适当地采用“开放性提问”和“封闭性提问”两种方式。

是要和疑犯进行具体的对话，还是只需要让疑犯回答“是”和“不是”，都要根据现场的情况而定。不同的提问方式带给疑犯的印象有很大不同。

谈判专家最基本的战术多半都是采用“开放性提问”进行持续对话。让疑犯自己开口说话，以获取更多的信息。遇上寡言少语的疑犯时，就不能过于坚持“开放性提问”了。如果疑犯不愿意说话，“封闭性提问”则比较有用。

采取哪种提问方式并不重要，重点在于要一边进行引导性对话，一边了解对方的心理情况，缓解对方的敌对情绪，促使事件和平解决。

谈判小组的任务

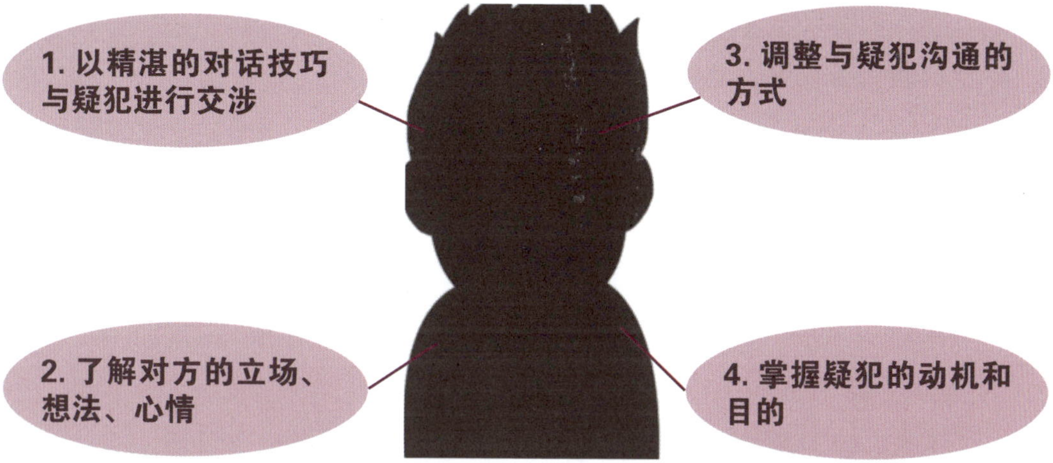

“开放性提问”和“封闭性提问”

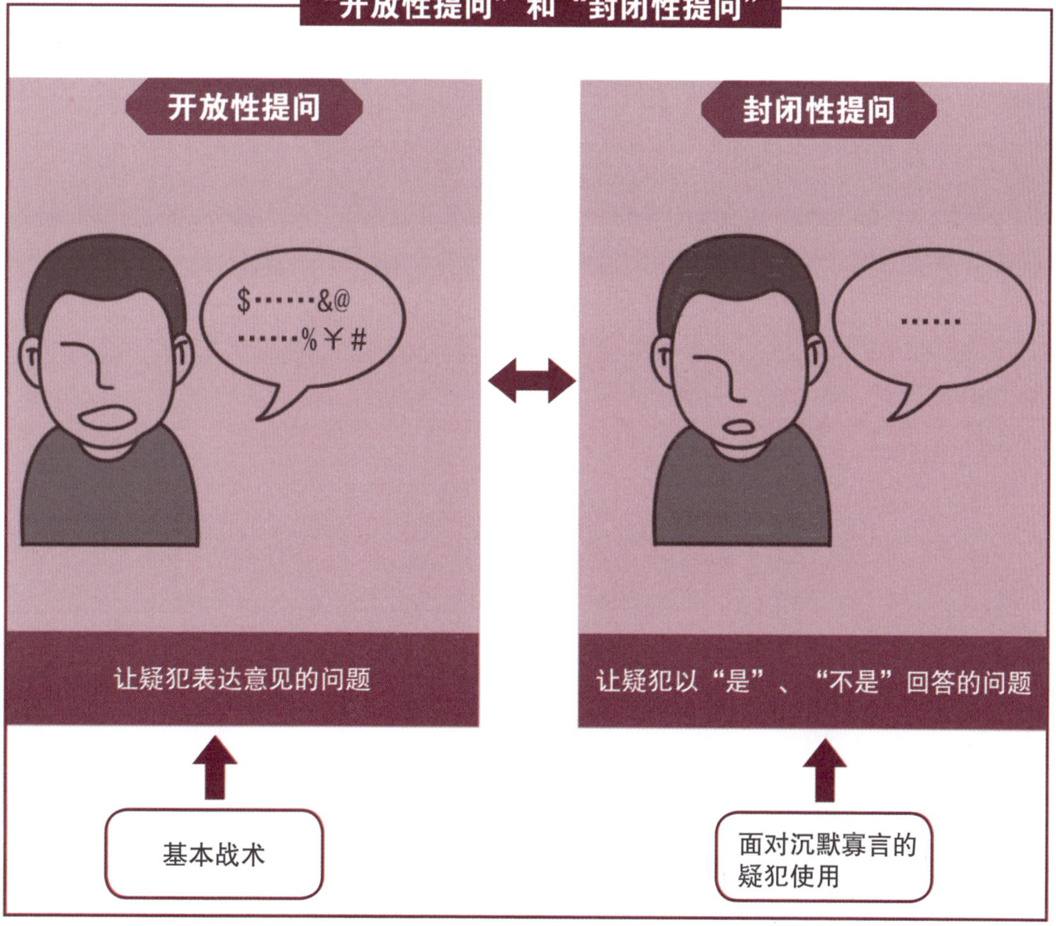

No.067 怎样令疑犯安心

在以挟持人质和绑架事件为题材的影视作品中，疑犯与谈判小组之间的斗智片段十分精彩，双方你来我往地试图击垮对方的心理，这和实际状况就相差甚远，互相欺瞒只会让双方更加敌对。

以温和的态度缓和局面

疑犯挟持或者绑架人质都有其特定的动机，想要达到自己的目的。有可能是想要金钱，也有可能是向社会发泄不满。有些疑犯在警方的追捕下走投无路，打算利用人质来进行逃亡。不管哪种状况，人质都是其达成目的的工具。

在谈判专家与疑犯进行对话的时候，必须要保持温和的语气。在谈话过程中要充分尊重疑犯的立场与价值观，不能试图驳倒或者说服疑犯。首先要报出自己的姓名和所属的单位，询问“请问我该如何称呼你？”向疑犯表现出“你还好吧？有没有受伤？”等关怀的态度，换取疑犯的信任，使疑犯逐渐放松警惕。

挟持人质和绑架事件，大多都起源于感情因素。如果能够让疑犯安心，也就能防止疑犯做出过分激烈的行为。在持续的对话中，要充分分析疑犯心中的愤怒、不满、恐惧、悲伤等感情，表现出对疑犯的理解。

现实中，当疑犯提出要求的时候，谈判专家必须要理性应对，并不会像影视作品中那样，很快就和疑犯约定好“你别伤害人质，两小时之内一定帮你准备好车辆”等。因为一旦决定好期限，就必须遵守约定，否则会令谈判小组陷入窘境。

另外，还有一些疑犯会威胁警方如果进攻，就与所有人同归于尽。这种人往往已经失去了理智，单纯的挟持人质却不向警方提出任何要求，危险度非常高。

疑犯的要求和人质

拿钱出来
准备直升机
我活够了
把我前妻找来
人质只是工具
有轻生的危险
恐怖分子型
悲观型

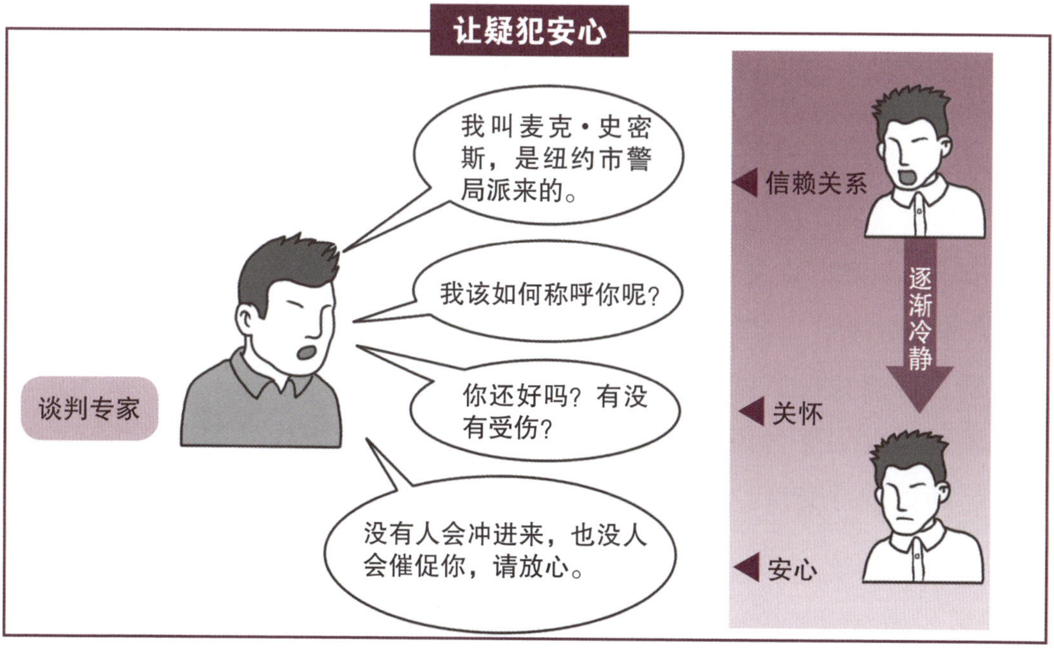
让疑犯安心
我叫麦克·史密斯，是纽约市警局派来的。
我该如何称呼你呢？
你还好吗？有没有受伤？
没有人会冲进来，也没人会催促你，请放心。
谈判专家
信赖关系
关怀
安心
逐渐冷静

No.068 人质可能会成为疑犯的帮手

在挟持人质或者绑架事件中，容易发生被称为“斯德哥尔摩综合征”的心理现象。这是一种疑犯与人质产生志同道合的情谊的状况。这也是谈判小组常常会运用的战术。

不惜撒谎保护疑犯

在长时间的紧急状况下，人质可能会感到麻痹，与疑犯建立起友谊。在1973年，瑞典曾发生一起银行对峙事件，之后心理学界把此次事件中观察到的情感变化称为“斯德哥尔摩综合征”。在这次事件中，前后经过了130小时的谈判。可是在人质平安获释之后，不仅没有对疑犯表示愤怒，反而大为同情疑犯。相反，人质对警方倒采取了批判的态度。

这种心理状况，也是谈判小组最常利用的。如果疑犯与人质之间产生了志同道合的友谊，那么，也就会相应地降低了人质受到伤害的风险。谈判小组会想方设法让疑犯感觉到人质并不是交易的工具，而是相互平等的人类。例如，在向疑犯提供食物的时候，让疑犯了解人质的健康状况，协助人质进餐。

疑犯对人质越是表现出善意，人质也就越容易对疑犯产生好感，互相理解，甚至成为朋友，使现场的局势更加稳定。只不过这种情况下，人质对警方的态度则会变得不友好。在向获释的人质打探现场的情况时，人质甚至会为了保护疑犯而撒谎。

如果疑犯丝毫不关心人质的健康与否，那么就不会产生“斯德哥尔摩综合征”这种情况。人质的危险度也就大大提高，此时警方会派遣攻击小组或者狙击手团队武力解决。

在少数情况下，“斯德哥尔摩综合征”还会发生在谈判小组身上。谈判专家有可能在接触疑犯的过程中，失去了客观的应对能力，开始偏袒疑犯。正是考虑到这种风险，谈判小组绝对不会像影视作品中那样由单一的人员与疑犯进行交涉。在谈判的同时还要随时监视谈判专家的心理状况。

“斯德哥尔摩综合征”

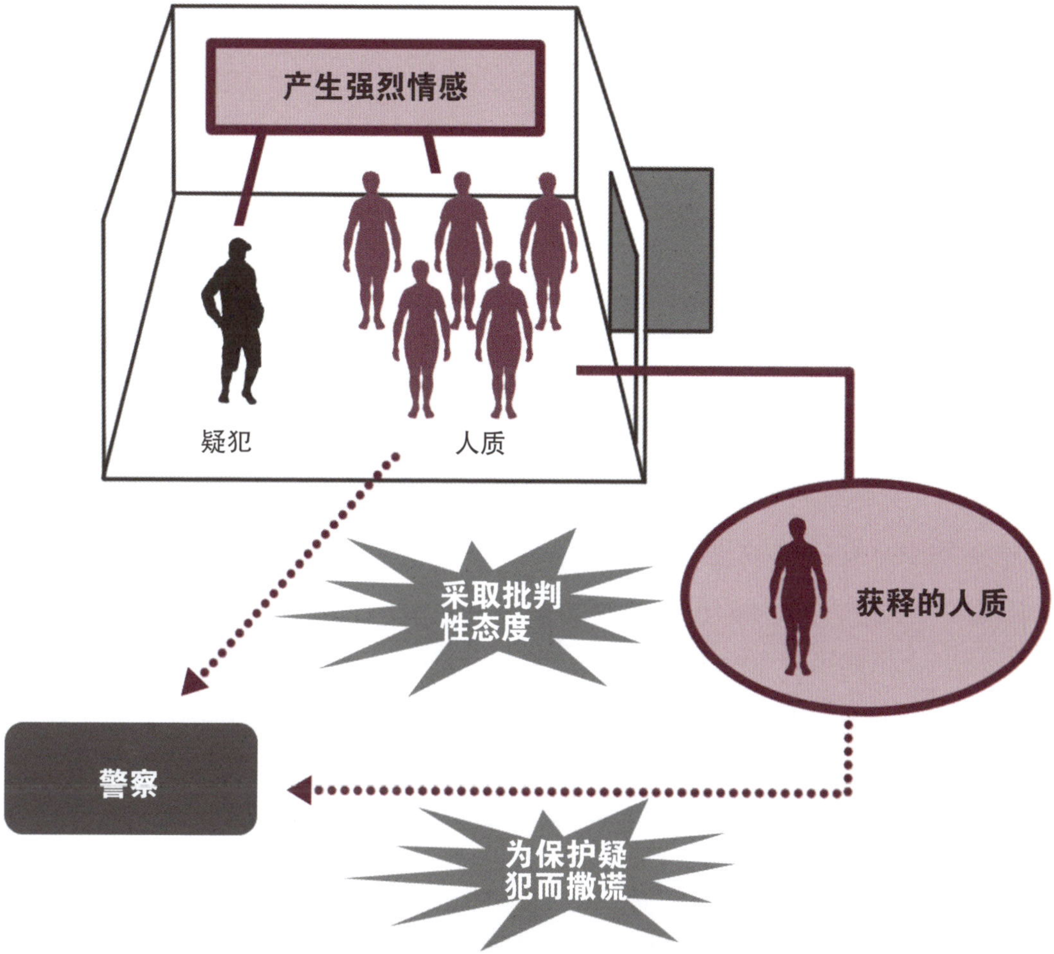
产生强烈情感
疑犯
人质
获释的人质
采取批判性态度
警察
为保护疑犯而撒谎

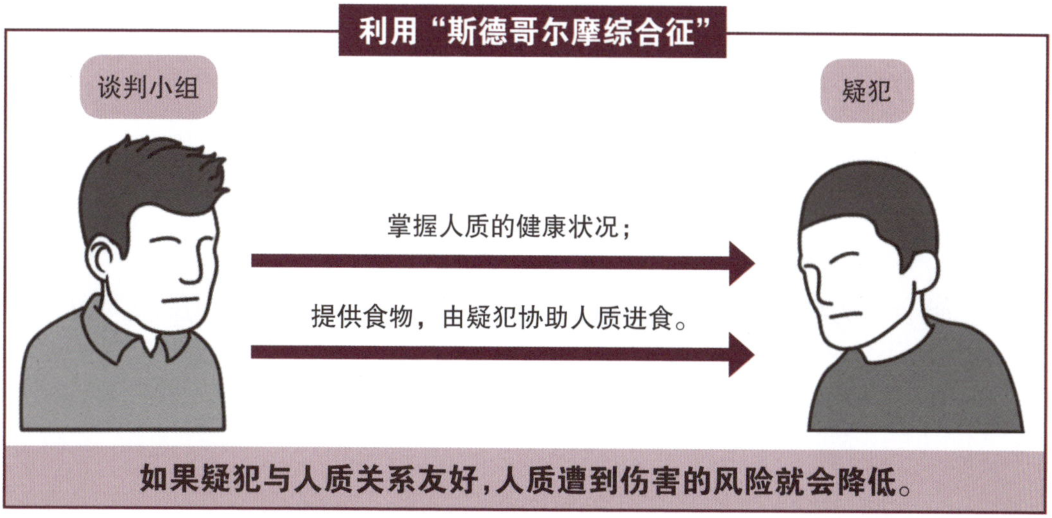
利用“斯德哥尔摩综合征”
谈判小组
疑犯
掌握人质的健康状况；
提供食物，由疑犯协助人质进食。
如果疑犯与人质关系友好，人质遭到伤害的风险就会降低。

No.069 什么情况下特警会拒绝疑犯的要求

在影视作品当中，谈判小组与疑犯谈判的过程充满了戏剧性。谈判小组会要求疑犯释放人质作为接受其要求的交换。不过不论怎样，有些要求是不会得到满足的。

拒绝也是谈判的技巧

在谈判的过程中，疑犯的要求基本上都会得到满足。如饮水、食物、媒体采访、医药、逃亡用的车辆等。在同意疑犯要求的同时，警方会要求疑犯释放人质作为交换。

但是，这不代表疑犯可予取予求。在一些影片当中，疑犯会表示“把我妻子找来，见到她我就会释放人质”，影片中的警方也往往会按照其要求行事。但是实际中，警方对疑犯的要求都会经过慎重考虑，在摸清楚疑犯的真正用意之前，警方不会答应疑犯的任何要求。

无论疑犯提出什么条件，以下四种物品都是不会批准的。这四种物品分别是武器、酒类、药物、替换的人质。因为这四种物品会刺激疑犯的情绪，导致现场案情的恶化。

武器与药物会帮助疑犯攻击警方，而酒类则会麻痹疑犯的思考能力，令疑犯陷入疯狂。

替换人质同样不会被接受。在案发现场，警员很容易对人质产生同情，常常会希望自己能够替人质受罪，尤其是当人质是妇女、儿童等弱势群体的时候。在影视作品中通常会出现警员大喊着“用我来交换人质”的场面，并非凭空捏造，是有可能发生的事情，但这是不会得到批准的。

如果警员成为人质，对于双方来说都不是好事。若以警员作为人质的话，会让疑犯感觉到局面对自己十分有利。对警方来说，攻击小组和狙击手有可能会因为同事掌握在疑犯手中而失去应有的冷静，令场面更加混乱。

容易答应的要求

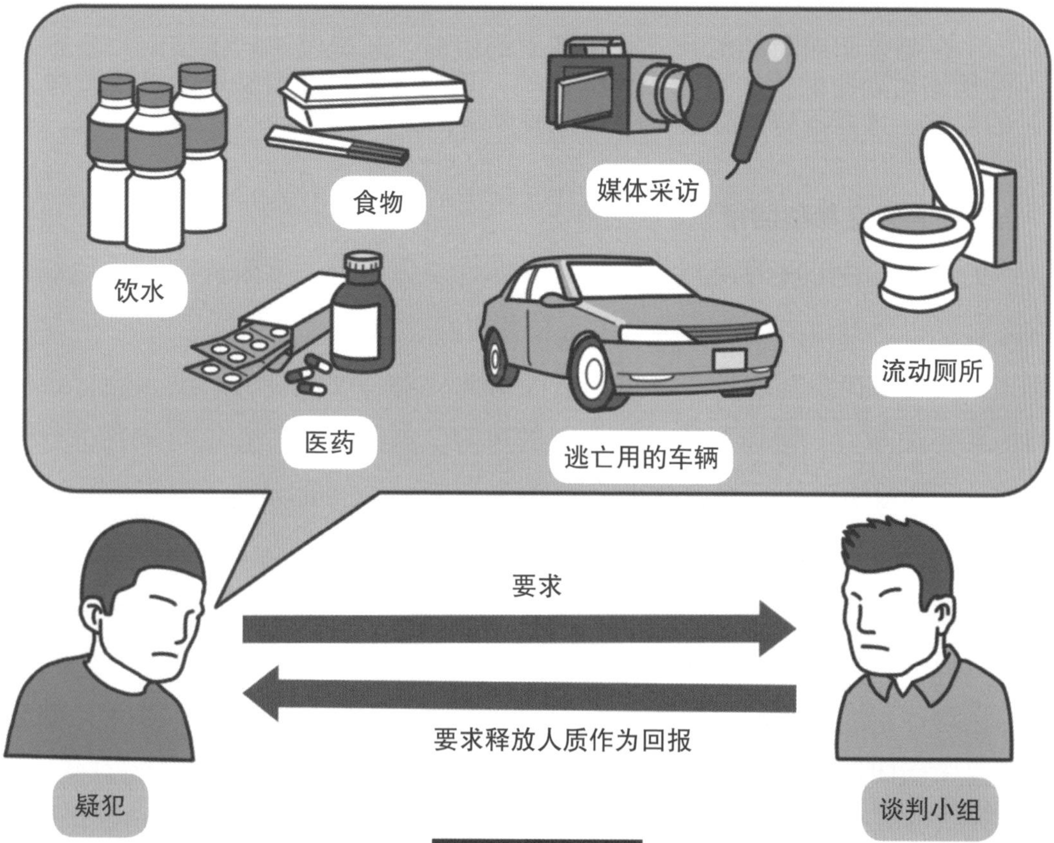

会拒绝的要求

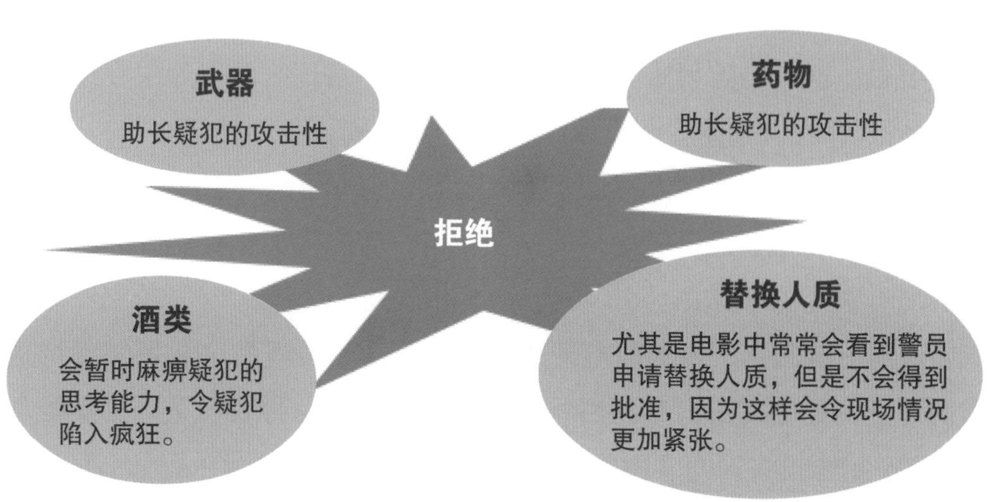

No.070 为什么不能进行高压谈判

在与疑犯对峙的时候是采用怀柔的策略，还是坚决对抗到底？警方的策略对疑犯的情绪有着极大的影响，只要准确顾及所采取的策略造成的影响，才能正确地让事件朝着稳妥解决的方向转变。

与疑犯的交易和回报

在影视作品出现的谈判小组，大多都是以强硬的态度解决事件。他们常常会对疑犯毫不让步，主动摆出正面对决的姿态。

可是真正在案发现场，警员不可能如此应对。硬碰硬的态度只会让疑犯的情绪更加暴力，增加人质受到伤害的风险。如果以这种态度与疑犯进行交涉的话，达成协议的几率恐怕还不足10%。

相反，如果谈判小组以比较温和的态度与疑犯进行对话的话，就很有可能改变疑犯的初衷，令疑犯逐渐妥协让步，有90%以上的机会能够达成协议，人质也更加安全。

在与疑犯进行谈判的时候，有一项基本的标准就是遇到任何要求，都要得到一定的回报。

这不单单是警方的准则，疑犯也会以此来对警方提出要求。双方不断提出要求并得到满足，互相让步的同时，能够令事件朝着释放人质的方向发展。

如果谈判小组与疑犯之间互相怀疑，各有心机，双方都不提出任何有发展性的要求，谈判自然很难完成。从谈判小组的角度来看，如果在谈判中无法掌握疑犯的动机和意图，很容易遭到疑犯的欺骗。

举例来说，谈判小组会要求疑犯证明人质的安全，作为答应其要求的回报。这种情况下，疑犯必须提供确切的证明才行，否则，无论疑犯怎样口头答应放人，都不能满足其要求。

对谈判小组而言，要求疑犯证明人质的安全十分重要。从疑犯对待这个要求的态度，就能判断出疑犯当时的心理。若疑犯一再表示只要满足要求就释放人质，始终无法证明人质的安全，警方就需要判断这背后有什么隐情了。

谈判小组的态度与达成协议的几率

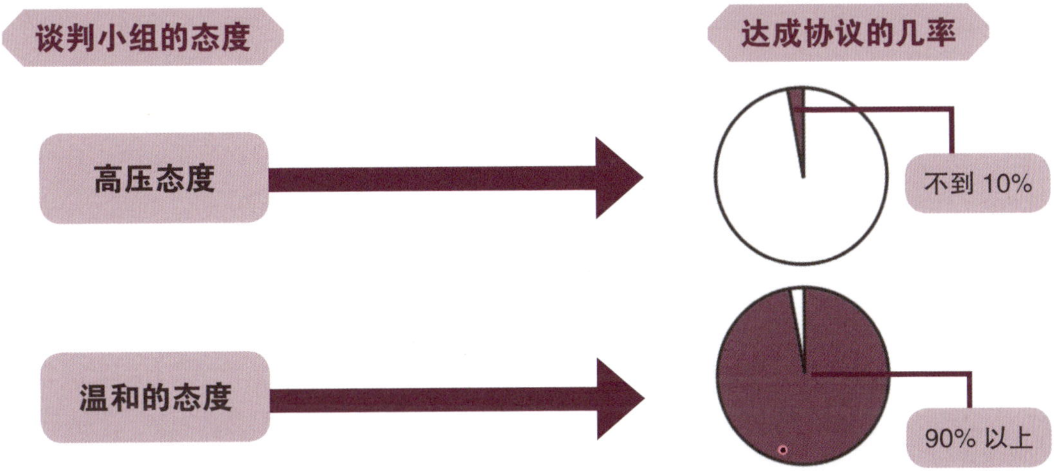

以温和的态度和策略进行谈判，成功的几辆车是高压态度的 9 倍以上。

人质安全的重要性

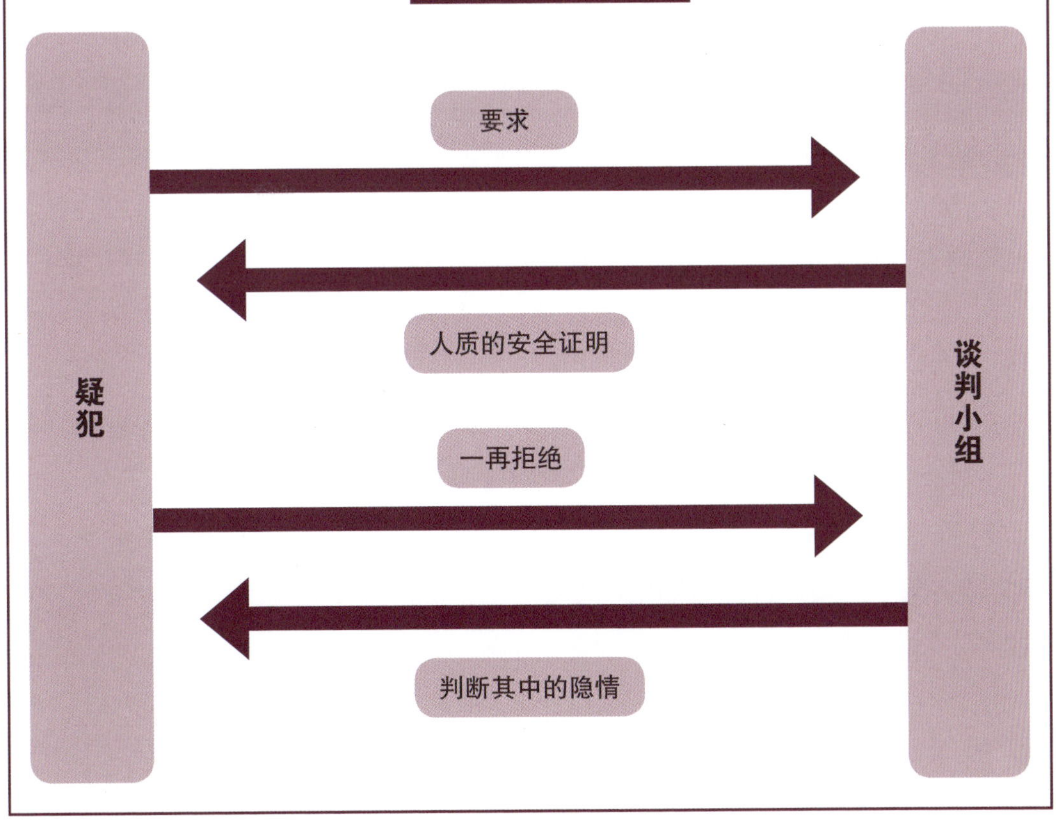

专题：影视作品中特警顾问的作用（3）

在拍摄电影和电视剧的时候，特警顾问的工作周期一般是从影片的准备直到拍摄结束。剩下的工作，最多是帮助检查影像素材。

可是制作时间长达几年的电脑游戏来说，事情就要复杂很多。在拍摄完成以后的几个月中，特警顾问要为加工完毕的影像进行重新确认，尤其是针对游戏开头和中间的剧情场景。

使用动态截取器录制影像以后，游戏的制作人员需要花费几个月的时间对其进行后期加工处理。不仅是对人物的表情和服饰处理，就连手上的手枪或者步枪都是通过后期加工的方式进行添加的。装填子弹的过程、子弹上膛的动作，以及射击后排出空弹壳的瞬间，都会做得像实际拍摄一样。

担任游戏顾问的难点在于，游戏的要求日益提高。如今游戏在影像方面的表现力已经不弱于电影，玩家对于画质和影像的精密程度要求也越来越苛刻。

十几年前的游戏机还没有什么影像处理能力，影像画面也模糊不堪。如今游戏机的影像处理能力有很大提高，甚至连枪械上的字母都能看得一清二楚。

在拍摄电影和电视剧时，使用的道具都是现实存在的枪械，不用为其外形动脑筋。拍摄游戏的时候就不同了，就算摄影的时候在墙上安装了摄影标记，所截取到的影像也只有枪械的轮廓，枪械的细节必须要由游戏制作人员手工绘制。

并非每个游戏制作人员都是枪械方面的专家，就算是一边参考资料，细节上的加工结果依然有可能出错。

特警顾问在确认手枪和冲锋枪的影像时，就常常会发现没开保险就把子弹打得满天飞的画面；也可能明明是“半自动”的位置，却打出了“全自动”的效果。这些错误都要由特警顾问在最后确认影像的时候指正。

第五章
特警的其他部门

No.071 警方如何侦讯疑犯

为了能够让案件得到最终解决，需要疑犯的供词，疑犯未必一开始就甘愿认罪。警方必须通过一定的侦讯手段来套出许多信息，从中寻找与证据之间关系。

“打听内情”与“询问”不同

在近些年的一些影视作品中，流行以法医提出的证据作为基础，通过其中的线索搜寻疑犯的剧情。在此类影片当中，常常通过搜证和鉴别结果找出疑犯，并以此来迫使疑犯主动认罪。

然而在案发现场，警方很少会找出物证来逼迫疑犯认罪。让疑犯知道警方的搜查方式以后，就等于将警方办案的方式暴露在疑犯面前。在一些高智商犯罪的案件当中，疑犯常常会自恃警方没有证据，反过来质问警方“抓人的依据”。

因此在询问疑犯的时候，首先要先从疑犯身上挖出一些可能的线索。比如，在询问疑犯是否有不在场证据的时候，并不会一开始就直接怀疑疑犯与案件有关，而是通过随意闲聊，让疑犯自由说话。此时疑犯所说的话，有可能会成为后面否定其供词的证据。

这种方式就是所谓的“打听内情”，和“询问”有所不同。基本做法是和对方攀谈，让对方自由发言。随着谈话的进展，再来判断其前后供词是否矛盾，与其他相关人员的证词是否有出入，或者其供词是否真实。

在警员发现疑犯的供词有重大漏洞或者问题的时候，确认了其背后藏有隐情，会马上停止试探，转为询问。为了追究供词的矛盾以及真实性，警员会通过转换询问的方式方法来获取信息。

在“打听内情”的时候，会让疑犯自由说话。但在询问的时候，整个过程就要紧张很多了，通过分析疑犯的性格和供词，找出有漏洞的地方，巧妙地运用心理战术，引导疑犯坦白罪行。

探听情报的过程

以自由对话的方式了解信息

询问的过程

以巧妙的心理战术，引导疑犯坦白

No.072 让疑犯招供的诀窍

疑犯的供词是结案必需的材料，可是又要避免疑犯在招供以后，到法庭上翻供的情况。在获取证词的时候，需要与疑犯建立其相互信任的关系。

如何令疑犯主动招供

在询问疑犯的时候，最为重要的就是如何与疑犯建立起相互信赖的关系。即使是犯下了重案的疑犯，也都会有其个人动机存在。即便是疑犯违背了社会道德与法律规范，将犯罪当作家常便饭，警方也要对其进行正当的询问。

无论疑犯多么穷凶极恶，在审讯中如何闪烁其词，负责审讯警员也要尽力理解疑犯的想法，借此松懈疑犯的警戒。这样才能逐渐动摇疑犯的心理防线，让疑犯松口招供，最终彻底投降。

在询问疑犯的时候需要特别注意与疑犯对话的空间，密闭的审讯室，能够排除周围环境的干扰，吸引对方的注意力，有助于建立起相互信赖的关系。

在电影与小说中描绘的审讯室，四周常常都是灰色的墙壁，只有房间中央摆着一套桌椅。大多数询问室也的确就是如此布置，但从近年来犯罪心理学和行动科学的研究来看，审讯室的装修也有了一定的改变。

有些审讯室是一个 3 米见方的空间，墙壁涂着单色的油漆，天花板上装吊照明设备，除此以外，别无其他任何的装饰。

如果房间有窗户的话，会让疑犯背对窗户坐着。疑犯与负责审讯的警员之间没有桌子，因为如果隔着桌子对坐的话，会在心理上产生屏障的作用，影响双方的沟通。

隔着桌子会影响警员观察疑犯在回答问题时的肢体反应。从心理学上看，即使疑犯口头上否认了罪行，其手指、腿等其他部位的细微动作也会有一定的表现，可以通过观察疑犯的小动作来分析其供词的真伪。

审讯室的变化

以前

四周由灰色的墙壁环绕，中间摆设着桌椅，警员与疑犯隔着桌子对坐。

现在

有些审讯室是一个3米见方的空间，墙壁涂着单色的油漆，双方之间没有桌子。

去掉桌子的原因

能够在询问的时候观察疑犯细微的小动作

No.073 怎样引导疑犯招供

人在说谎的时候，有五种模式。审讯的警员熟知这五种模式并利用其引导疑犯招供。其中的诀窍在于要在适当的时候展示证据，并代替疑犯说出其犯罪动机与目的，让疑犯意识到罪行已无法隐藏。

令疑犯无法反驳

在审讯的过程中，警员不能受到疑犯的谎言迷惑。如果像电影中那样，摆出高压的姿态对疑犯进行质问的话，反而会容易激起疑犯的对抗心理，更加难以获取供词。

在审讯疑犯的时候，要注意不能伤害到疑犯的自尊心。即使是发现疑犯撒谎，也不能过分责怪疑犯，而要以宽容的态度对待。只要一再表达对疑犯的理解与关怀，疑犯的心理防线就会慢慢松动。

那么疑犯在受到询问的时候会说什么样的谎话呢？根据调查，大概可以分为五种模式。这五种模式分别是全面否定、实情中夹杂谎言、凭空创作、扭曲事实、夸大说明。

警员在询问疑犯的时候要特别留意高智商犯罪的疑犯，他们会可以通过凭空创作、在事实中夹杂谎言等技巧，试图惹怒询问的警员，并借此了解警方的办案进度。

在影视作品中，常常会有警员在搜集到证据以后用证据来向疑犯施加压力。但是就实际中，这种方法十分危险。因为这些信息有利于帮助高智商的疑犯判断案情的调查进度，寻找其中的漏洞，从而编造出更加完美的谎言。

负责审讯的警员必须要掌握审讯的主动权，逐步引导疑犯主动、全面地招供。审讯的时候要充分分析疑犯的行动动机和目的，一边提示疑犯其动机、目的、证据，一边向疑犯表示理解。

分析的内容越是精确，疑犯就会越想撒谎辩驳，试图干扰审讯。这是因为疑犯不想直面事实，至于此时要如何攻破疑犯的心理防线，就要看询问的警员的技巧了。

疑犯撒谎的五种模式

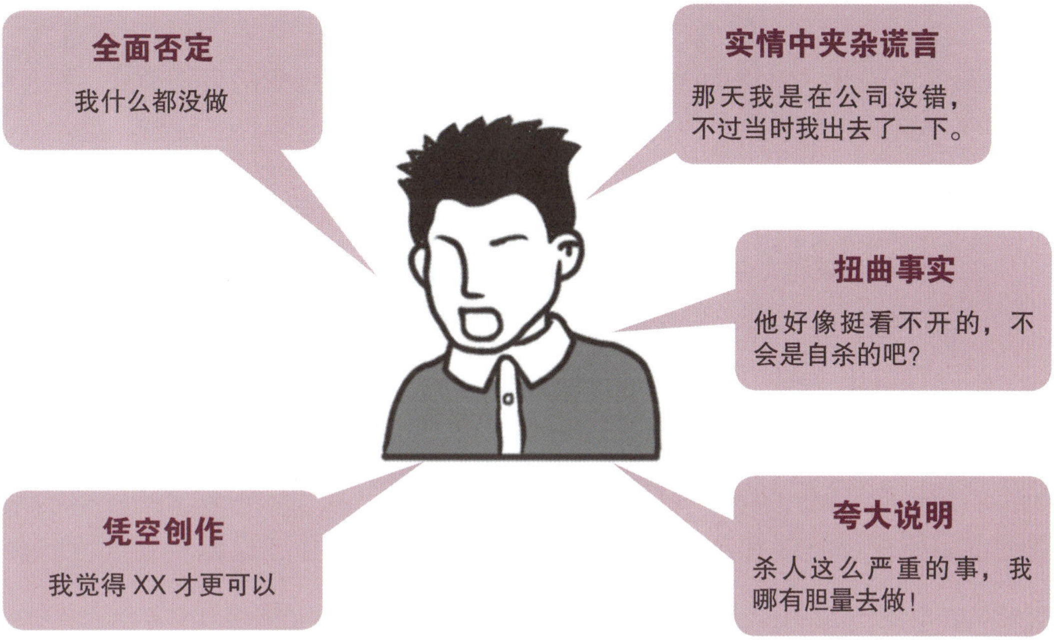

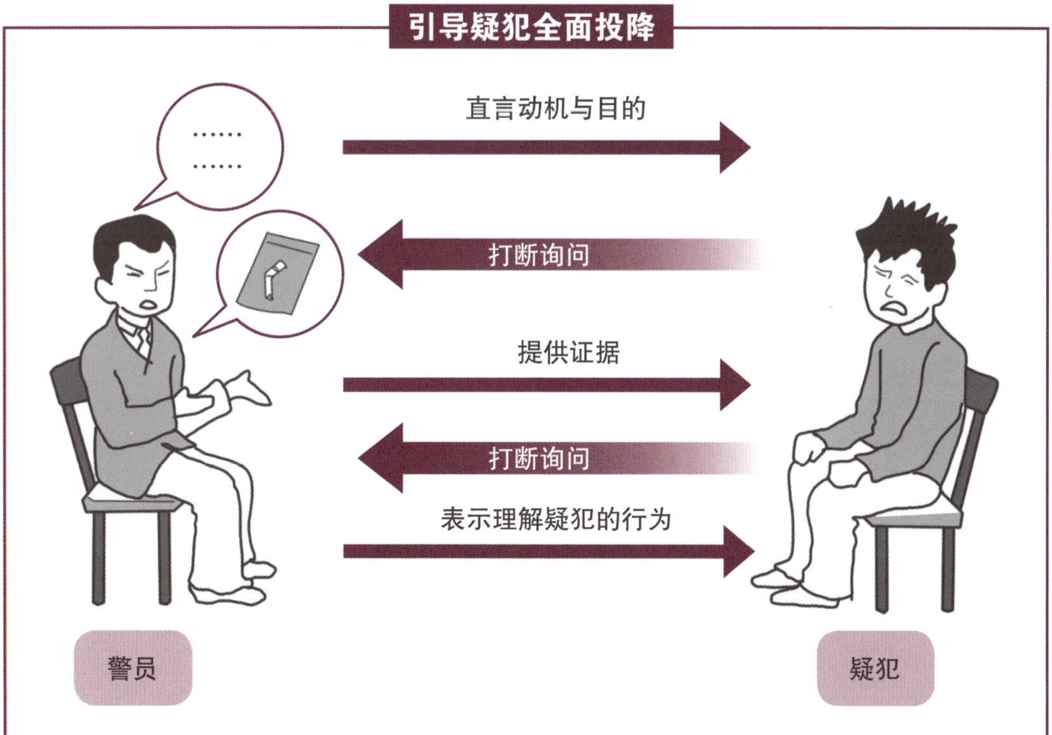

当疑犯的罪行被说中的时候，疑犯会想要打断来干扰。

No.074 如何看穿疑犯的谎言

如果疑犯不愿意认罪，就会在供词当中不断撒谎，而不会老实招供。也正因为如此，审讯的警员在询问之前就会先摸清疑犯的言行模式，从细微的变化中找出谎言所在。

注意疑犯的言行

在抓捕到涉嫌犯罪的疑犯以后，警方会派遣警员对其进行审问。尽管如此，负责审讯的警员也不会立刻开始询问，而是先做好看穿疑犯谎言的准备。

在进行审讯之前，警员会向疑犯确认其身份以及其他信息。首先，重新确认疑犯的姓名、地址、经历等信息。然后，向疑犯说明询问的意图，确认疑犯已经了解了询问的意图，最后，确认疑犯是否有异议或者不服。这些事前的准备不仅能够缓和疑犯的紧张情绪，同时也有助于建立起相互信赖的关系。

负责询问的警员在说明的同时，会趁机了解疑犯的言行模式。观察疑犯的目光、姿势、动作、表情等非语言行为，以及说话的方式、语气、节奏等等语言行为。

由于每个人都有其特定的性格特点，随着生长环境与成长过程的不同，每个人都会有不一样的反应。从疑犯在无关紧要的对话中表现出来的反应，能够发现其说实话的反应。

相对而言，人在说谎的时候心情容易浮动，因为害怕谎言被揭穿，言行模式会有明显的变化。如咳嗽、目光浮动、口吃、发音变化等反应。

在观察疑犯反应的同时进行对话，可以分辨疑犯供词的真假。一旦遭到怀疑，疑犯的情绪会变激动，表现出愤怒和动摇，不过在继续的对话中会逐渐恢复冷静。如果是与案件无关的人，会慢慢开始合作，设法证明自己的清白。

如果疑犯主动要求协助警方，或者完全拒绝与警方合作，警员就要判断是否有隐情，因为这种反应不是遭到怀疑时的正常反应。

询问前的准备

通过以下这些程序，能够缓和疑犯的紧张情绪，同时也有助于建立起相互信赖的关系。

- 确认姓名、住址、经历等
- 说明询问的意图
- 确认疑犯是否理解询问的意图
- 确认疑犯对询问是否有异议或者不服
- 开始询问

遭到怀疑时的反应

No.075 如何让疑犯彻底松开心理防线

到了无路可逃的时候，疑犯心里会充满不安与担忧。这种心理上的纠葛会清楚地表现在言行当中。负责询问的警员不会错过这种言行征兆，会想方设法地引导疑犯全面招供。

避免损及疑犯自尊

随着询问的紧张，疑犯会不断考虑自保的方式。每当其供词出现矛盾，或者被指出与物证有关联的时候，疑犯的情绪都会越来越激动。这时候他们的目光会出现浮动，身体会开始发抖。

当疑犯的身体出现这种反应的时候，警员会判断疑犯已经到了招供的临界点，这时一方面要套出供词，一方面要小心对待疑犯，防止招供后到法庭上翻供。

这也并不代表这询问时的态度会跟着软化，此时警员会选择比较温和的言辞，许诺帮疑犯将罪责降至最低，并积极讨论后面的对策。

只要不进行高压质问或者批判疑犯，就不用担心会伤及到疑犯的自尊与颜面。警方有一句俗话叫做“对罪不对人”，只要能对疑犯表示关怀，也能进一步降低疑犯的仇视心理。

为了彻底瓦解疑犯心理防线，询问的警员会不断提出一些小问题。在提问的时候绝对不会像电影中那样逼问“你该认罪了吧？”“是你干的吧？”诸如此类询问方式，而是要考虑到如何才能让疑犯主动认罪，只要能证明疑犯与案件有相关之处，就会从这个点进行切入。

警员可能会询问“你是什么时候开始计划的？”“第一次想要犯案是什么时候？”“那个女的身上带了多少钱？”等问题，找出疑犯与案件的关联。

除了这种问题以外，还可能会提出一些选择性的问题。比如“你是事前计划好的，还是一时冲动？”“钱是拿去挥霍了，还是做了其他事情？”用温和的态度询问疑犯，可以让疑犯慢慢吐露出与案件的关系。

濒临崩溃的疑犯

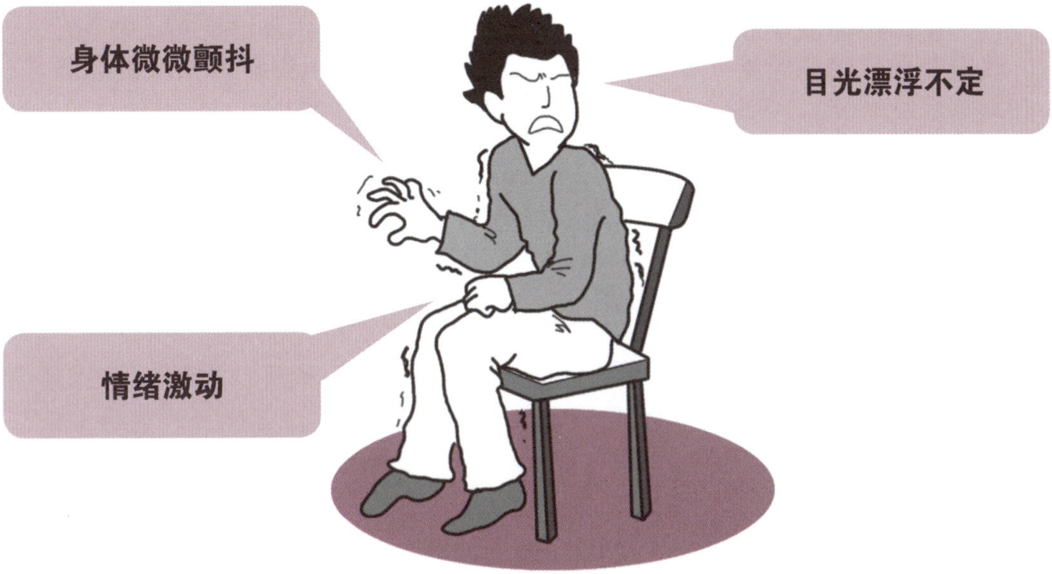

电影中让疑犯最终招供的致命一击

No.076 找炸弹不是爆炸物处理小组的事情

在影视作品中，爆炸物处理小组会先被派到现场寻找炸弹。比如，政府首脑或者高管要访问某个地点时，爆炸物处理小组会事先搜索会场。其实在现实中，爆炸物处理小组是不会出面寻找炸弹的。

常被误会的爆炸物处理小组

当罪犯或者恐怖分子想要杀害他人的时候，可能使用间接的手段，土制炸弹就是常用的方式之一。他们会通过各种方式引爆炸弹来杀害目标。

遇到这种威胁的时候，就轮到爆炸物处理小组出动了。他们的任务也不光是负责拆解爆炸物。如果发生了爆炸案，他们会负责在现场寻找爆炸起因、整理报告，还要到法庭上作证。此外，在遇到挟持事件的时候，还需要协助攻击小组炸开门窗，方便攻击小组攻坚。

不管多么精锐的警员，也没有生活在案发现场的人更加清楚现场环境。如果爆炸案发生在酒店当中，警方会与酒店的警卫联系，由熟悉现场的人协助进行搜索，甚至会动用防爆犬。发现了可疑物品以后，才会动用爆炸物处理小组。

在电影和小说中常常会描述到爆炸物处理小组头戴头盔，身穿防爆服，手工拆解炸弹的场面。这种场面可以增加观众观看时的紧张感，作为塑造剧情高潮的工具但与现实中相差很远。

在案发现场，考虑到人员的安全，警方会先使用X光扫描爆炸物。在确定引爆路线以后，才会当场使用工具令爆炸物失效，或者搬运到安全场所进行解体处理或者引爆。

另外，只要剪断导线就能拆除炸弹也是一种错误的概念。有许多炸弹都是无法通过剪断导线的方式拆除的。警方为了安全起见，会使用拆弹机器人进行操作。

爆炸物处理小组的任务

爆炸物处理小组并不负责搜索炸弹，不过会出面负责解体处理并分析原因。

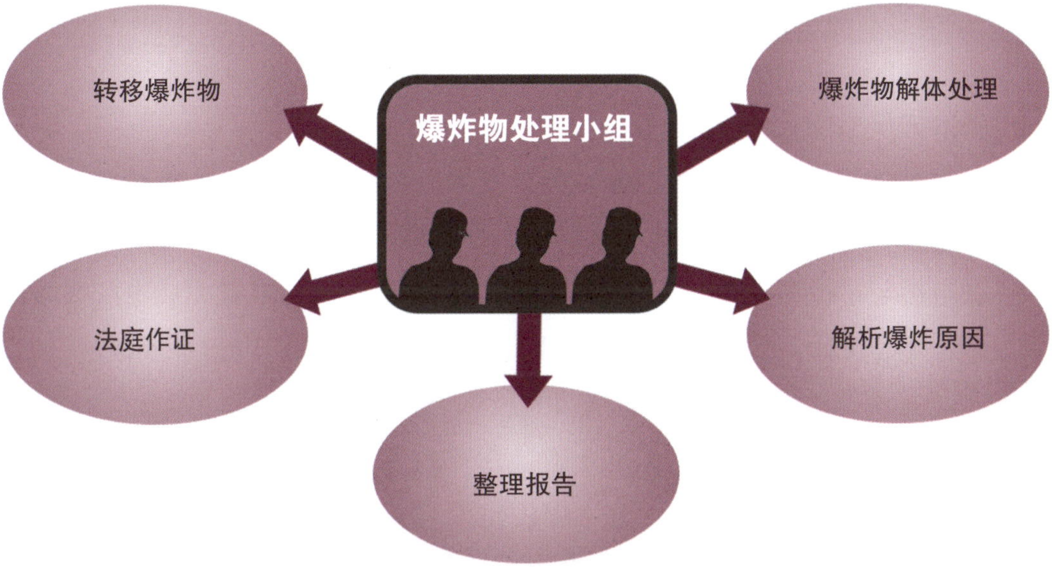

绝对不会像影视作品中一样剪断导线

影视作品

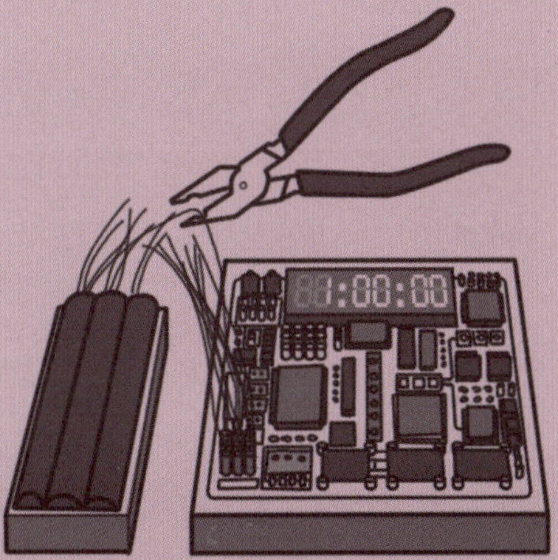

为了塑造紧张的剧情常常加入剪导线的情节

实际现场

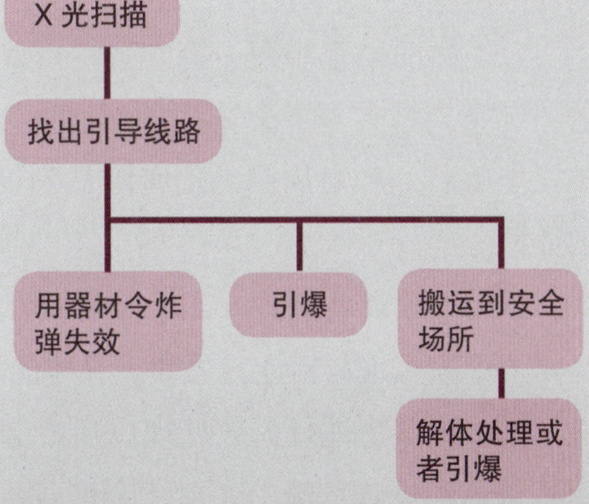

使炸弹失效或引爆处理

No.077 如何拆除爆炸物品

在发现可疑物品以后，第一件事情就是判断其危险程度，爆炸物处理小组会使用 X 光进行扫描，通过影像进行确认。在判断是爆炸物之后，以机器人处理为先，手动解体则是最后手段。

失效先于引爆

大多数的爆炸案，是在普通民众发现以后报案的。警方在接到报案以后会赶往现场，确认现场有爆炸的危险时，才会联络爆炸物处理小组。

在电影与小说中，警方在发现炸弹以后，会通过电话或者无线电联系爆炸物处理小组。实际上，由于无线电波可能会引爆炸弹，只有电影中才敢这么做，案发现场是不会做出如此危险的举动的。

在案发现场，警员会先用 X 光确认炸弹内部。原则上，在整个作业过程中最好都以机器人遥控处理，万一爆炸物放在行李箱等狭小的地方，就只好由警员亲自身穿重达 40 千克的防爆服，背负 30 千克的氧气筒，以手动的方式查看了。

X 光扫描能够查看到炸弹的引爆线路以及炸弹的整体结构。凭此可以判定炸弹的电池、引导线、引爆开关、炸药种类等。警员需要通过这些资料决定具体的处理方法。

为了协助调查罪案，警方会尽可能地保留炸弹的原状。在没有爆炸危险的情况下，警方多半会采用令爆炸物失效的处理方式。使爆炸物失效回收，不仅能够将炸弹对周围的伤害降低到极限，同时也可以取得许多与疑犯相关的证据。

不同的爆炸物处理小组，实际采用的处理方法也不一样。大多都是在爆炸物当中灌入水与铅让其失效。具体的灌注方法，则是警方的机密。

在对爆炸物进行失效处理以后，会再进行一次 X 光扫描，重新确认爆炸物是否存在爆炸危险，之后才会回收到经过防爆处理的防爆桶内，搬运到户外靶场等安全的场所。

不能使用无线电与手机

在爆炸物附近使用无线电或者手机，有可能引爆炸弹。

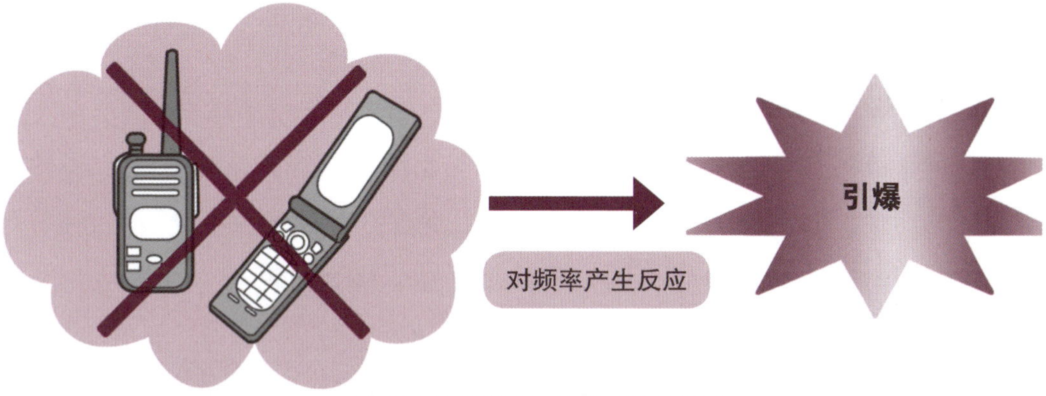

使爆炸物失效而并非解体

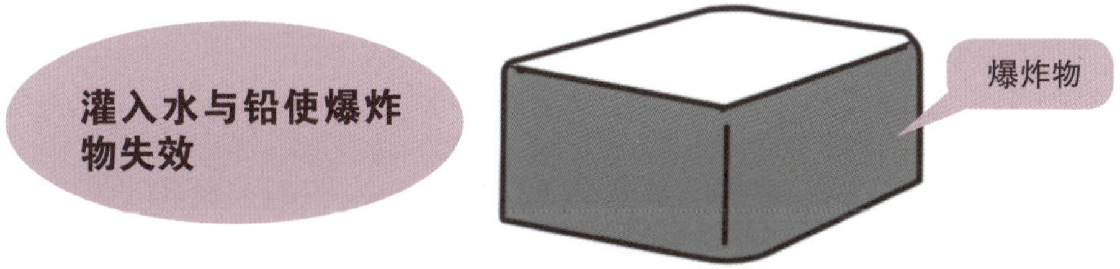

防爆服

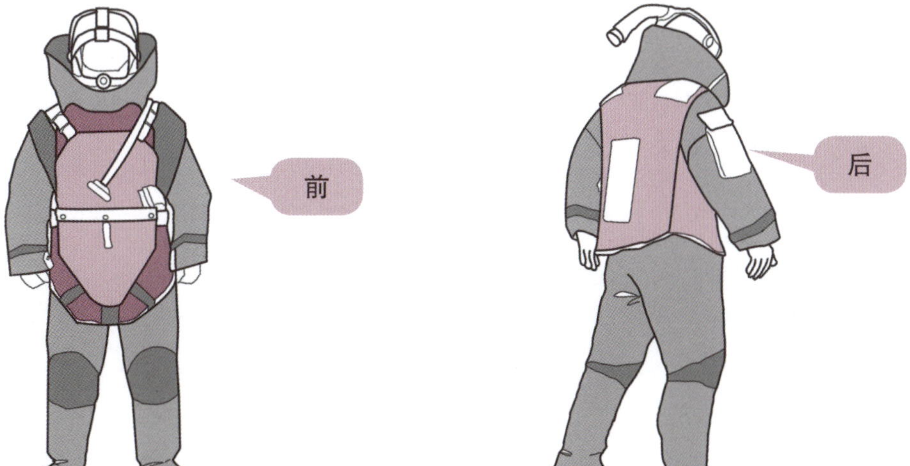

No.078 无法拆除的爆炸物要如何处理

并不是所有的炸弹都能够在案发现场就处理完毕的，有些炸弹非常不易解体处理。在紧急情况下，可以使用机器人将炸弹移动到防爆桶里，直接在现场引爆。

安全引爆

罪犯制造的炸弹有很多种类。有传统的土制钢管炸弹，也有混合多种化学药剂的炸弹，有的炸弹为了提高杀伤力，甚至会在炸弹中装置碎玻璃和铁钉。

炸弹的引爆线路也各有不同，有的是移动引爆，有的则会在天气、气温急剧变化的时候引爆，在分析的时候要格外小心。

在影视作品中，时常会表现炸弹解体的场面。身穿防爆服的爆炸物处理小组会在案发现场手动将炸弹解体。

在实际的案发现场，罪犯通常会将炸弹伪装成录音带、书籍、包裹等，不会直接暴露在外。大多数炸弹都是在拆封途中被发现的，所以已经陷入了不稳定状态，存在爆炸的危险。

在没有紧急状况发生的时候，爆炸物的解体必须要按照基本的处理原则执行。首先用 X 光照射，之后灌入铅与水，令炸弹失效的方针。

在没有充分的时间对炸弹进行解体处理的时候，警方会使用液态氮进行冷冻处理。液态氮可以让炸弹的电池暂时失效，这种方法在其他地方也常常被用到。

如果在案发现场除了引爆炸弹，没有其他处理方法，爆炸物处理小组会将炸弹移动到重金属的防爆桶当中引爆。防爆桶内部设有能够减缓爆炸能量和冲击波的缓冲材料，桶口朝上，能够将爆炸的威力全部转移到上方，让警方能够在现场安全地执行爆破工作。

引爆线路有很多种

不同的炸弹引爆线路都不同，需要谨慎行事。

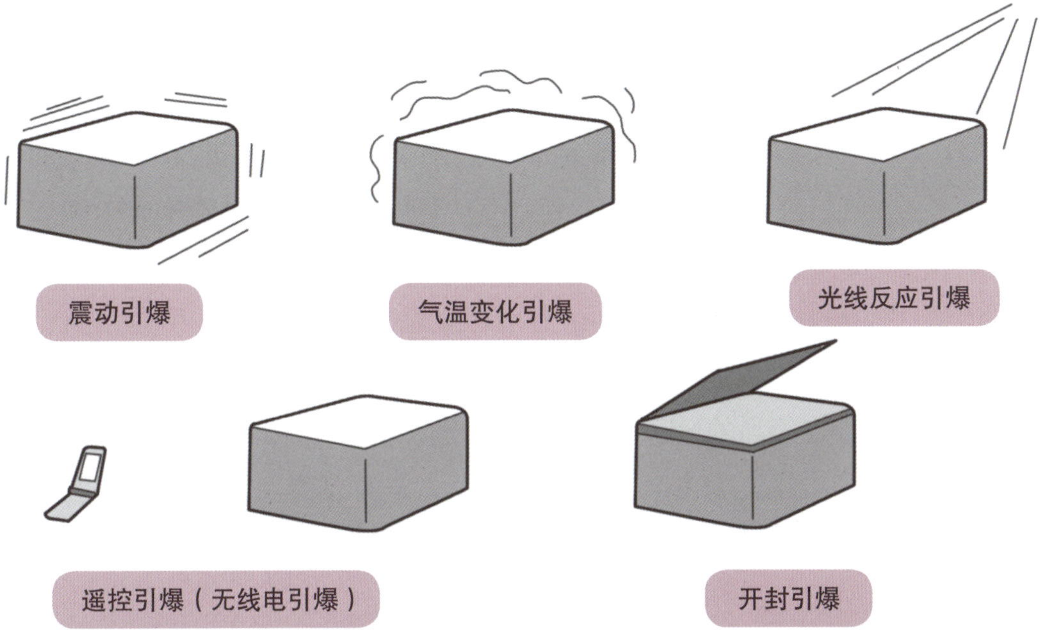

紧急处理的方法有两种

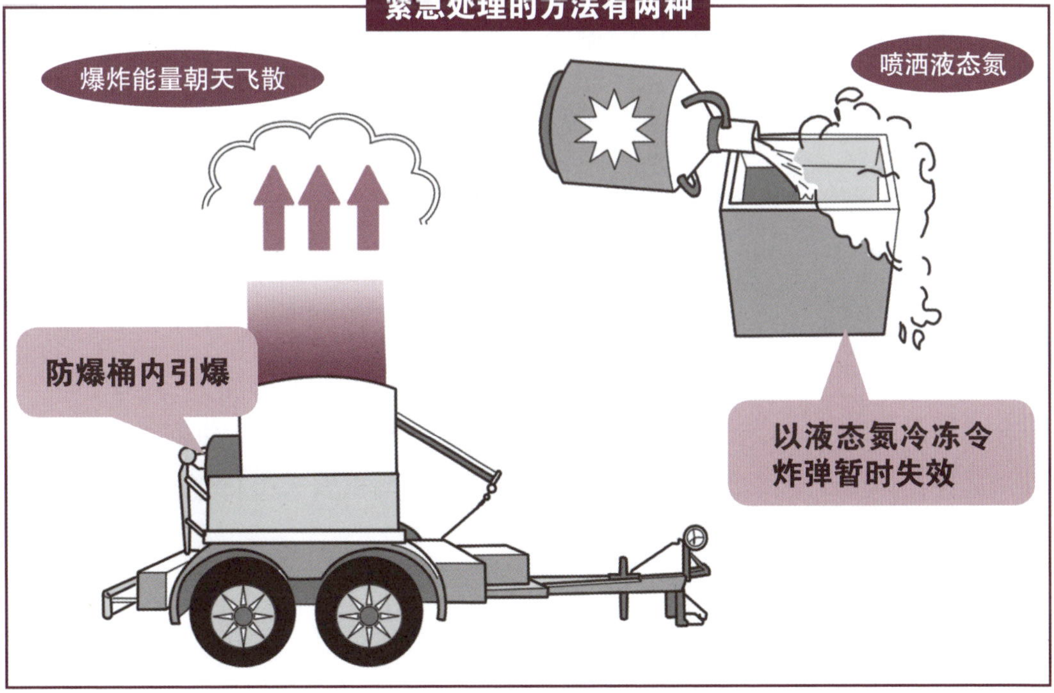

No.079 最先进的拆弹机器人

以前，爆炸物解体处理都是由人手动操作的。在警方投入能够遥控操作的拆弹机器人以后，人员的安全性得到很大提高。然而，机器人肢体不够灵活，需要花费相当的时间准备。

使用机器人拆弹

爆炸物处理小组的任务要求非常严苛，他们在执行任务的时候所面对的，不一定就是罪犯自制的土制钢管炸弹，有时候，甚至要面对恐怖分子利用军用炸药改造而成的高性能炸弹。

比如，任务中遇到10枚炸弹，有可能就会有10种不同的引爆线路。有的爆炸物甚至已经预装了备用的引爆线路，会在解体的时候自动引爆。因此，手动解体炸弹存在极高的风险。

随着科技的发展，警方会使用遥控机器人进行炸弹解体处理作业。机器人上配备了高性能的小型摄影机，能透过传送到操纵装置上的影像安全地执行作业，大大降低了爆炸物处理小组的危险。

然而，并不是所有的炸弹都能通过操作机器人进行拆解的。在遇到狭小的空间的时候，如罪犯将爆炸物设置在汽车下方或者包裹当中，警方就无法使用拆弹机器人进行作业。

为了解决这类问题，厂商已经在研发一种新型机器人。据说这种机器人全长约50厘米，宽约53厘米，高约13厘米，重量只有15千克，是一种非常小型的机器人。它能够以六轮进行移动，具有全天候行动的能力。

此外，小型机器人还配有红外线摄像机，能够在150米外进行遥控操作。身上安装了两部发射装置，能够在瞬间喷射水和铅，让炸弹当场失效。

这种新型机器人操作环节十分重要，操作的过程如同电动玩具。警员可以一边使用电脑确认影像，一边使用操作杆来控制机器人进行工作。

拆弹机器人

旧型机器人

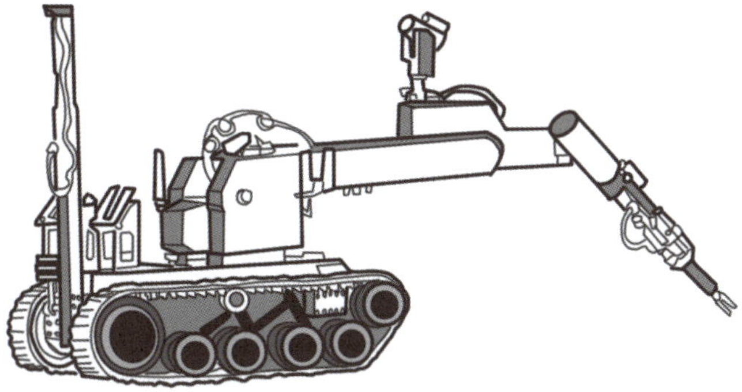

新型的机器人

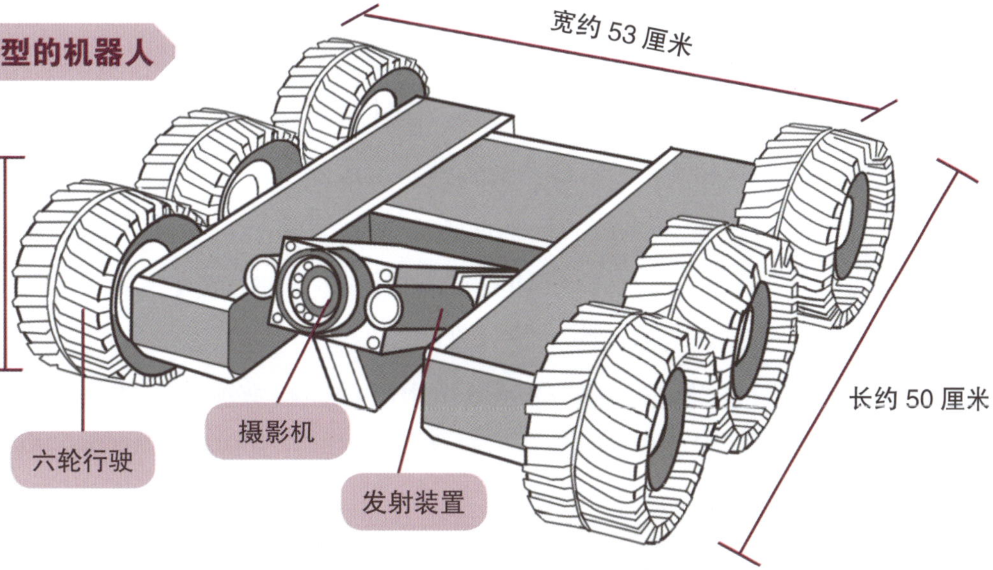

能够远距离遥控操作

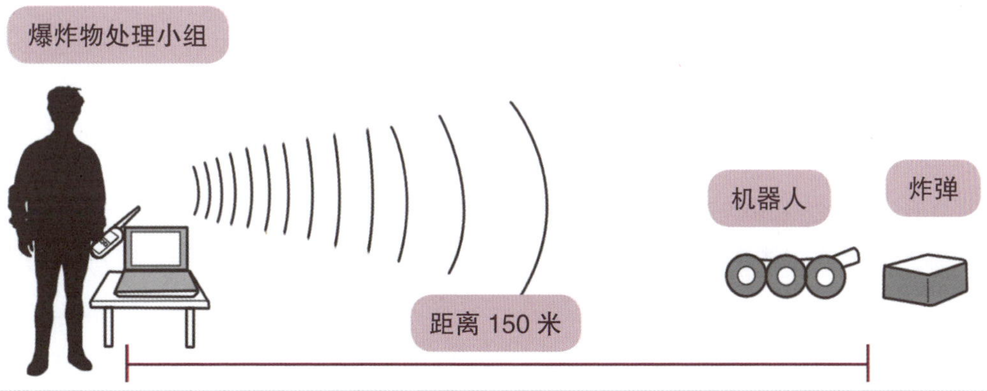

使用无线电操作机器人处理炸弹

No.080 爆炸预告是什么

爆破预告是指疑犯针对商业设施或者学校等场所的一种威胁手段，通常会要求警方在一定时间内满足自己的要求，否则就会引爆炸弹。在接到报案以后，爆炸物处理小组需要迅速判断其危险程度。

掌握疑犯的心理

在电影或者小说中，类似于爆炸预告的情节十分常见。例如，疑犯会在装好炸弹后，要求警方给予一定的赎金或者满足自己的其他要求，否则就会在几个小时以后引爆炸弹，现实中也会出现此种疑犯。

爆炸预告的真正目的，是为了让目标感受到即将到来的爆炸产生的恐惧感。受到威胁的对象如果没有经验，可能会陷入恐慌当中。这时候要尽快转移整栋建筑人员避难，封锁人员的进出，执行各种安全措施。

实际上，在接到爆炸预告的最初阶段，绝大多数情况下都不会让爆炸物处理小组前往现场。警方会在仔细侦查现场情况以后，派遣先遣队进入现场，之后再根据情况决定是否出动爆炸物处理小组。

经过警方的勘察以后，爆炸物处理小组已经能够掌握疑犯的目的。爆炸物处理小组会分析疑犯的言行，判断信息的真伪，确认有危险的时候才会行动。

以用炸弹伤害目标为目的的疑犯和发出爆破预告的疑犯往往有着很大不同。前者的性格都是比较易怒的，这也是他们选择使用炸弹的原因。但是能够使用炸弹，又代表了疑犯的性格具有心思缜密的特点。

疑犯需要冒着配置炸药的过程中可能出现意外的风险，还要在安装的时候避人耳目。如果主动向目标发出警告，也就毁了自己长期准备的努力。

如果疑犯仅仅是要引爆炸弹来伤害目标，那么是不会打电话进行预告的。警方在接到报案以后，会首先分析爆炸预告中的内容，观察其中存在的蛛丝马迹，判断危险程度。

爆炸预告与爆炸物处理小组

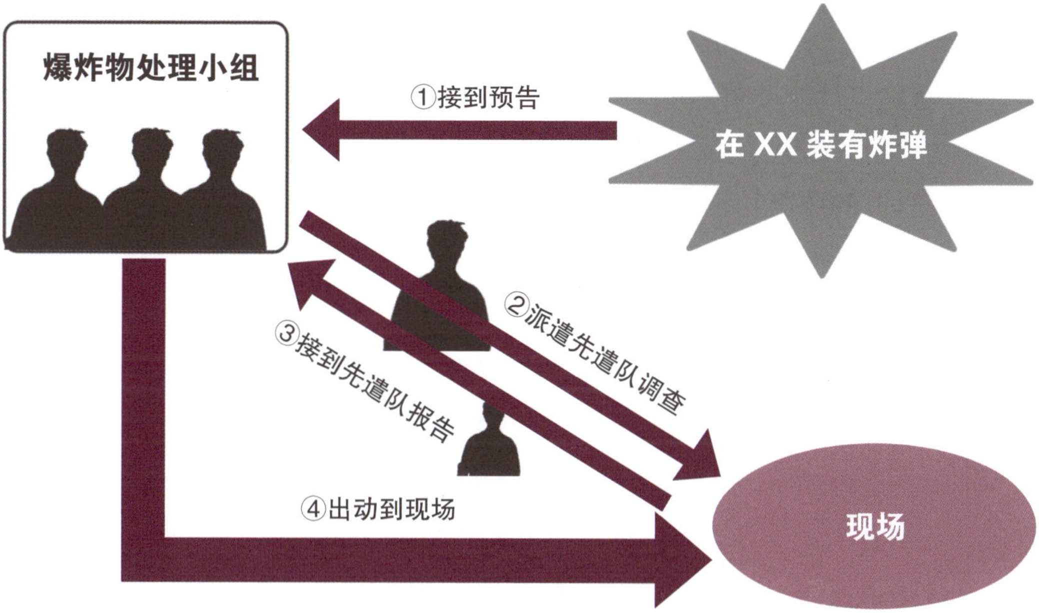

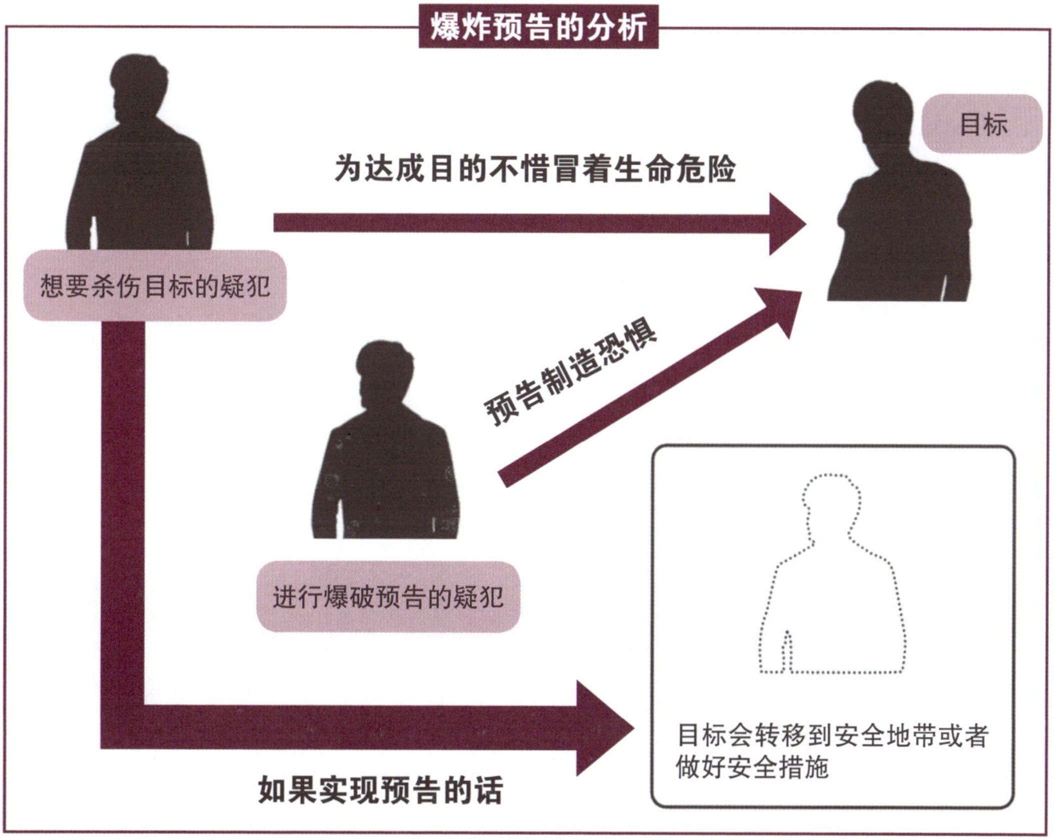

No.081 杀人犯为什么会杀人

杀人是控制对方的最终手段。心理分析人员对于疑犯是否会杀人无法确定，只会将杀人定位为可能发生的行为。

疑犯杀人的原因

心理分析人员对疑犯的分析，是针对疑犯的人格特质提出具体的假设。这一点和影视作品中那种猜测疑犯的身份的做法有所不同。

心理分析小组在分析人物的时候，会抱着“任何人都可能会犯下杀人罪”的态度，认为“只要符合三项条件，人人都有可能杀人”。

那么，是哪三项条件？犯下杀人罪的疑犯心理上符合“将杀人正当化”、“除杀人以外别无选择”、“能承受杀人的结果”这三项条件。

举例来说，当警方逮捕疑犯的时候，疑犯常常会说“我真的很害怕。我本来不打算杀人的，因为他一直大喊大叫，我没有办法才杀人的。”这一段供词就复合了上述的三项条件。

即使已经符合了这三项条件，心理分析小组在此时还要对疑犯的罪行进行仔细验证，确认其供词是否属实。如果经过心理分析以后发现疑犯有过度暴力或者极度扭曲的行为动机的话，就会将疑犯列为危险人物，讨论疑犯的罪行和其再犯的可能性。

在现实中，有极少数人会为了满足自己的欲望，或者为了完全控制对方，一再重复杀人的罪行。这种人即便是被抓到，也会不断通过谎言来掩饰自己的罪行，欺骗警方。在监狱中服刑的时候往往又会扮演模范囚犯的角色，以求能够早日出狱，继续自己的恶行。

这种人内心充满了幻想，在服刑的时候就会不断幻想自己再次犯罪，考虑怎么样不会被警方逮捕。出狱之后则会为了释放自己积压已久的情绪，重新杀人。他们会试图将自己蓄谋已久的计划转变为现实，并享受完成时候的扭曲的快感。

导致杀人犯罪的三项条件

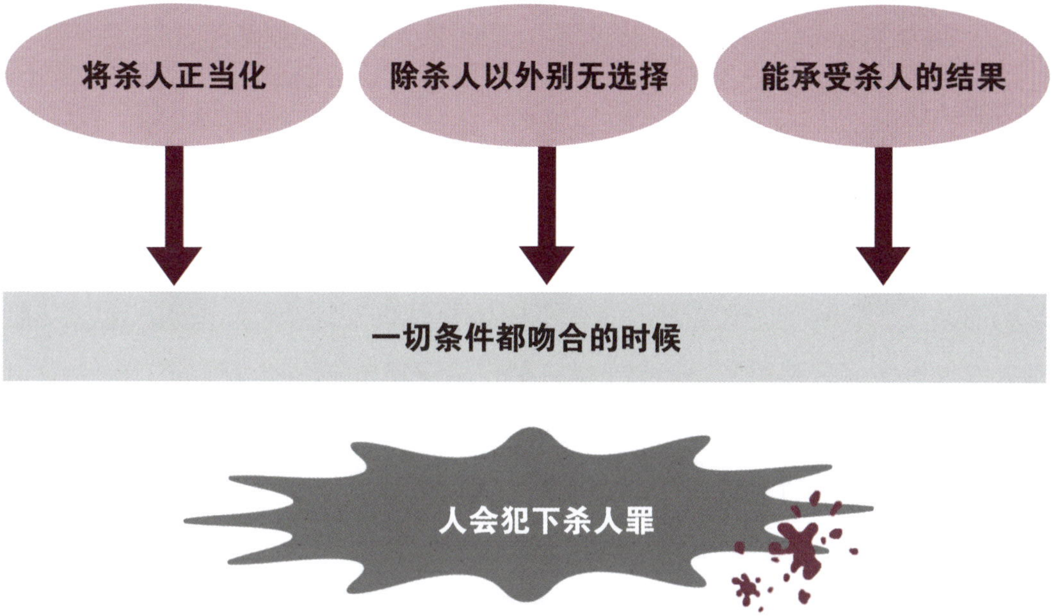

心理扭曲、以杀人为乐的杀人犯

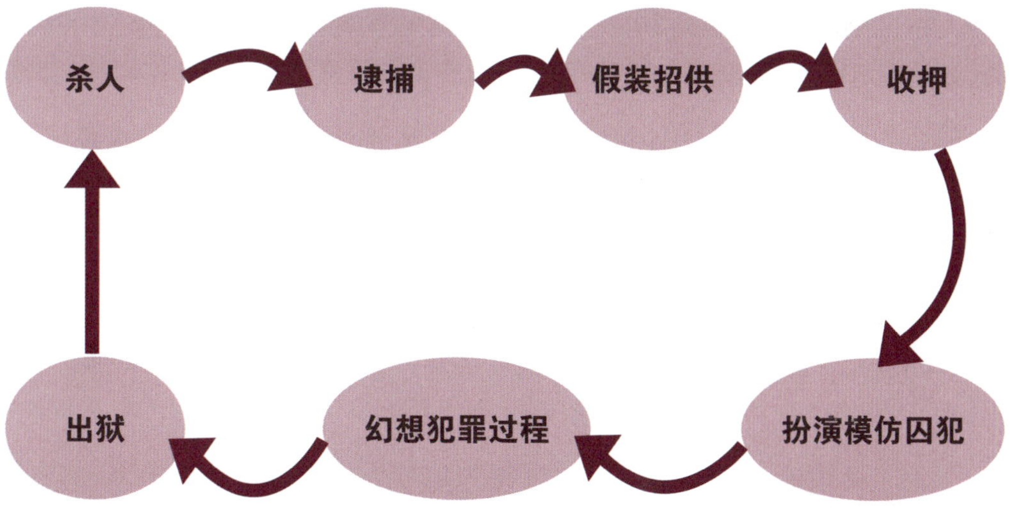

心理分析小组不会否定危险人物的存在，会留意疑犯的言行，谨慎考察疑犯再犯的可能性。

No.082 变态杀手

前文提到的心理扭曲、以杀人为乐的杀人犯是极度危险的罪犯，想要了解他们的行为，警员需要充分分析这些罪犯的心理，才能彻底掌握其罪行。

快乐杀人犯

变态杀手是十分危险的罪犯，他们往往为了获得某种快感，或心理上的满足感而杀人，这种行为在犯罪心理学上叫做快乐杀人，又名淫乐杀人症。一般杀人的原因大多数是报复或金钱，为了快乐而杀人也被称为异常杀人。无论出于何种目的，每个杀人犯在杀人的时候都有固定的模式可循，通过分析罪犯的犯罪模式，心理分析小组可以准确地推断疑犯的形象。在这个过程中，心理分析小组必须要设身处地地站在疑犯的角度，会有相当大的心理负担。

不论是什么样的杀人犯，都不可能突然杀人。冲动杀人也好，预谋杀人也好，都会有一定的征兆。疑犯脑海中的刺激会让疑犯兴奋，一再幻想杀人的步骤，最终制定出杀人的计划。他们的个人行为，也会慢慢向实现其计划的方向转变。大多数人在这个阶段都能够克制自己，即使是有想要杀人的欲望，也会想办法让自己不失控。他们会考虑到犯罪带来的后果，认为犯罪并不值得。

然而心理扭曲的人，则会有这些顾虑，摆脱理性的束缚，追求杀人带给他们的快感。最终，他们会将杀人犯罪正常化，将自己幻想的步骤逐一实现。

在第一次杀人的时候，受害者的反应会与疑犯心中幻想的相差甚远。这时疑犯的心理会产生很大波动，去重新思量自己的精神能否承担其杀人行为。

有的疑犯会因为恐惧而向警方投案自首，也有的疑犯会销毁证据，更有一些疑犯会不断为了满足自己的幻想，继续犯罪。

在案发现场留下的蛛丝马迹可以作为追查疑犯心理与行为方式的线索。根据这些线索分析疑犯的心理，预防同类事件的发生，是心理分析小组的最终目的。

杀人征兆与理性纠葛

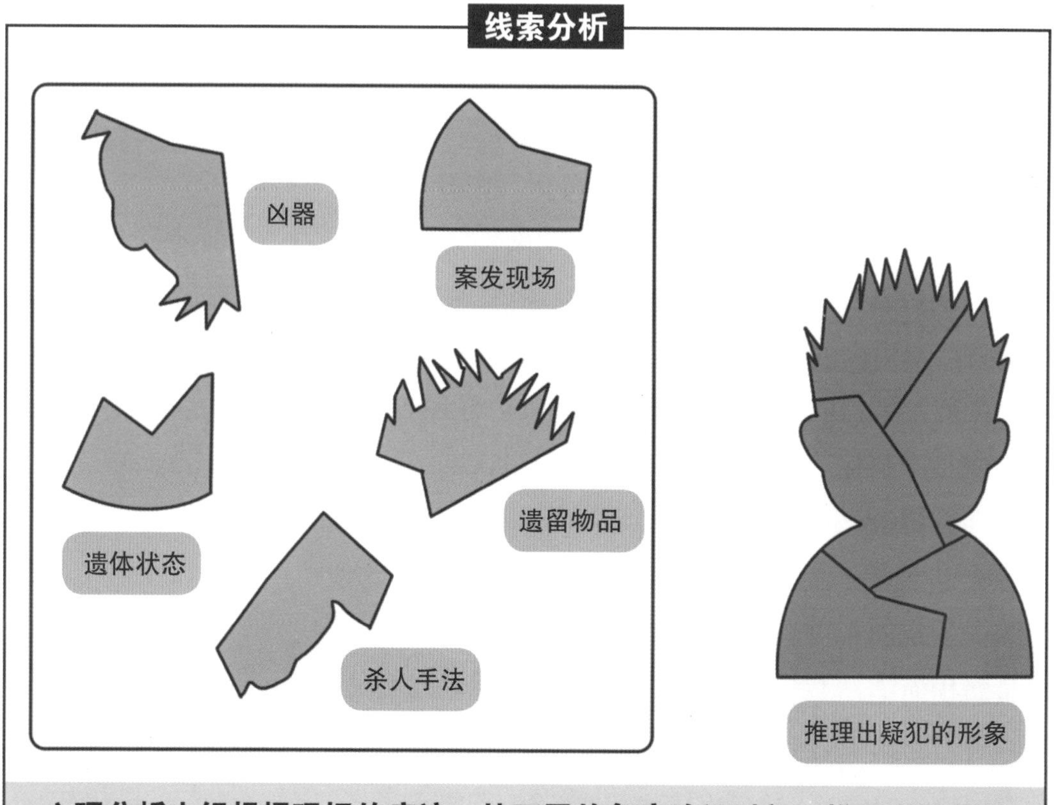

心理分析小组根据现场的痕迹，从不同的角度验证时间，推理出疑犯的形象。

No.083 怎样防止凶手行凶

特种警察除了要进行罪证的搜查之外，还要负责重要人物的护卫任务。这类需要保护的人物包括政府高官、检察官、重大案件的证人等等。护卫小组必须要对目标人物施以万全的保护，防止其受到袭击。

预防行凶事件

进行暗杀行为的疑犯与其他犯罪行为是相同的，可以分为情绪化行为和计划行为两种。护卫小组会要求心理分析小组对保护目标的档案进行分析，评估疑犯有可能进行的袭击计划。如果能够模拟出疑犯的意图，就能够实施相应的预防措施。

举例来说，情绪化的疑犯往往不擅人际间的交往。这种人可能会工作不顺心，性格比较孤僻，容易被他人所孤立。这类疑犯的暗杀行为往往是出于一时的冲动，缺乏周密的计划，因此也容易让人提前察觉。

善于计划的思考型疑犯则会在犯罪前进行周密的计划，将计划付诸实施。虽然执行计划会令疑犯面临极大的心理压力，但是这种疑犯一般大多自制力很强。也就是说，无论如何，他们都会冷静地实施整个计划。

根据目标的档案信息进行分析，叫做档案分析法，是一种推理疑犯形象的技术。在分析以往的一些重大案件后不难发现，任何犯罪行为都有其征兆行为。以暗杀行动为例，其征兆行为往往是在事前通过各种方式，多次接触暗杀目标。

在警方执行的护卫任务当中，会遇到各种有预谋征兆行为。比较常见的是打探护卫目标、在袭击之间多次跟踪目标、或者通过恐吓信、恐吓电话等方式进行接触。

护卫小组会根据护卫目标收到的恐吓信或者其他暗杀预告做出解读，分析其中的危险程度，判断这些预告行为是否存在实际执行的可能性，或者仅仅是骚扰而已。

当判断的确有暗杀的可能时，警方会加强对目标的护卫工作。同时，派遣专门派人负责监视，全程监控可能发生的暗杀事件。

恐吓信的分析与行动

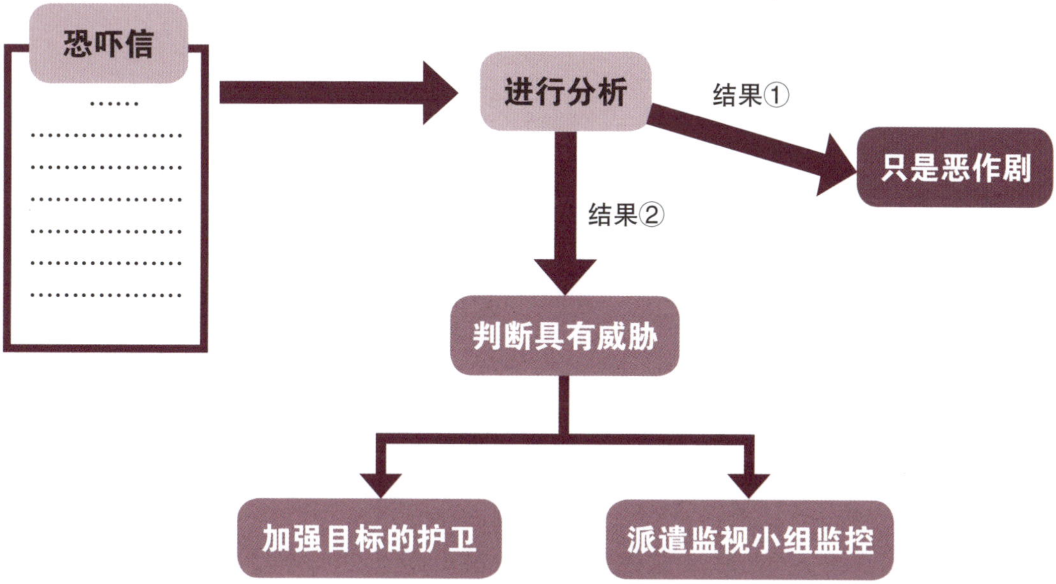

杀手的征兆行为

No.084 特警们通过什么方法来分析人物特征

通过证物和证词能够解决大多数的案件。不过，有些案件会由于线索的缺乏而难以继续调查。例如，有些杀人事件就超出了一般警员的能力范围，必须要由心理分析小组解析现场线索来推断疑犯形象。

最可怕的快乐杀人犯

心理分析小组的人物是要从案发现场留下的痕迹当中，分析出疑犯的人格特点以及心理状况。心理分析小组最能发挥作用的案件，就是快乐杀人事件。

所谓快乐杀人，指为了获得某种快感，或心理上的满足所犯下的杀人行为。这点受到冲动、恐惧、愤怒等情绪控制，和一时冲动而伤人杀人的犯罪有很大不同。

快乐杀人犯不仅仅是将受害者杀害，还会用道具等捅刺、切割受害者的遗体，甚至会割取受害者的器官。这点正是他们希望通过杀人获得刺激、感受快感的证据。

心理分析小组可以通过尸体的情况判断出快乐杀人犯的人格特点。比如，罪犯是会将尸体弃置在容易发现的地方，还是隐藏起来。不同现场发现的痕迹，可以体现出疑犯的不同心理状态。

结合受害者遗体和案发现场留下的证据，心理分析小组会试图从中找出快乐杀人犯的人格特点。从现场留下的线索，能够分析出疑犯的性格特征以及平时的生活特点。

在电影和小说中出现的分析人员一般都会单独行动，而实际中他们是团体一同工作的。团体行动将各个不同成员所擅长的领域结合起来，一起组合出疑犯的形象特点。

因为在此类案件中，疑犯往往会对受害者进行多次伤害，心理分析小组会集体以“头脑风暴”法分析信息，每个人都从自己的专业领域提出意见，综合各种意见以后会让分析结果更加准确。

普通命案与快乐杀人案

从现场残留的蛛丝马迹，能够发现普通命案和快乐杀人案的区别。

以脑力激荡法分析

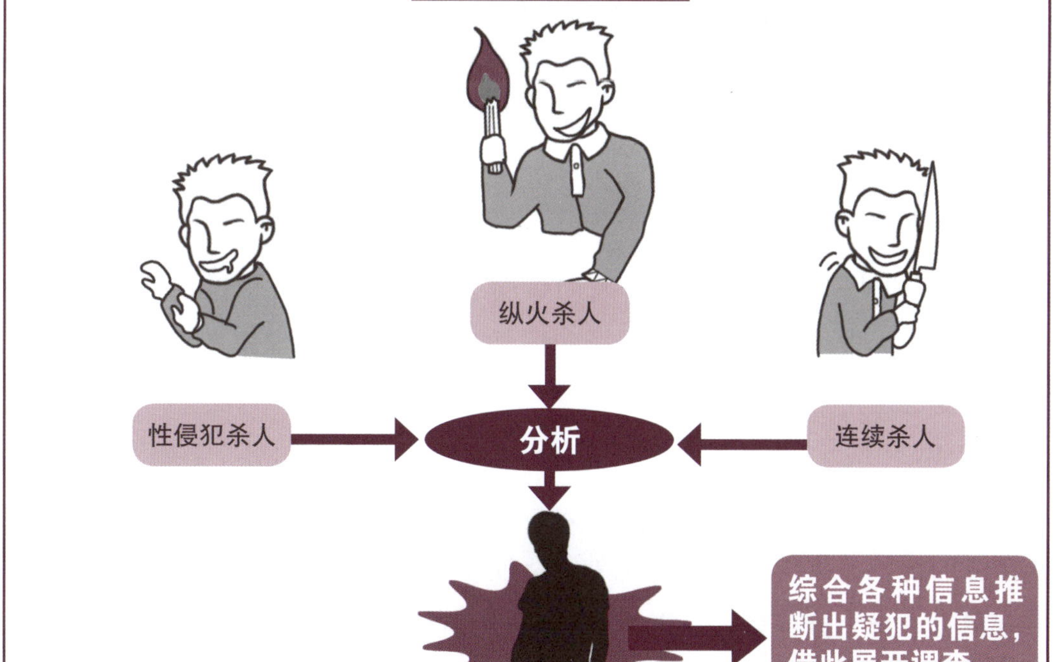

分别从个人的专业角度提出意见，分析疑犯的形象。

1
2
3
4
5

No.085 档案分析法有效吗

大多数的犯罪，可以分为冲动行为和计划行为两种。在调查案件时，分析法能有效地帮助搜查疑犯。

思考型罪犯威胁最大

利用分析法解读疑犯的性格特点可以发现，大多数的疑犯都属于一时的情绪冲动而犯罪。

情绪型罪犯大多都是因为金钱、感情、仇恨等原因一时冲动而酿成恶行。这种类型的疑犯在犯案的时候并没有周密的计划，往往会在现场留下大量的证据。同时，由于疑犯在犯罪的时候将全部的注意力都集中在情绪的发泄和犯罪行为上，事后则因为害怕和紧张，惊慌失措间露了马脚，很容易逮捕。

思考型罪犯则不同，他们会制定周密的计划，做好一切善后工作。举例来说，这类疑犯在进入超市抢劫以后，在临走之前会为了避免被认出，杀害超市的店员。警方需要谨慎根据掌握的信息进行分析。

杀手也可以分为情绪型和思考型。大多数的杀手都是一时地情绪发泄或者是想借由他人而成名才杀人。这种罪犯就属于情绪型，犯案以后常常会滞留在现场，比较容易逮捕。

相对而言，思考型杀手进行的暗杀行动就没那么容易看破了。

在解读现场留下的痕迹时，有时候会遇到搜查取证无法推动案情进展的情况。比如，现场的证据反映出疑犯既像是情绪型，又像思考型，破案便会陷入困境之中。

遇到这种情况的时候，心理分析小组会前往现场进行支援，重新考察现场，此时往往能够找到新的线索。比如，思考型罪犯在作案过程中，却由于受到受害者的抵抗，出现了一些“意外”，使得现场留下了证据。另一方面，也可能疑犯本身十分谨慎，在案发现场并没有留下痕迹，但是在一些无法顾及到的角落留下了脚印、指纹等。

心理分析小组与思考型罪犯

情绪型罪犯

犯案后留在现场附近，比较容易逮捕。

会留下大量证据

思考型罪犯

犯案一般都有计划，比较难发现线索。

必须利用分析法解读现场线索

心理分析小组

疑犯的痕迹

受害者抵抗

会留下大量争斗痕迹

角落有许多脚印

罪犯可能不止一人

No.086 从恐吓信分析对方心理

由特种警察担任护卫的目标人物，通常都会接到恐吓电话或者受到恐吓信。在大多数情况下，这些信息都只是恶作剧，但护卫小组必须要通过这些信息来分析危险程度。

多数恐吓信都是恶作剧

很多读者一提到护卫小组，脑海里就会浮现出一群全副武装的彪形大汉。影视作品所提到的“SP”，即 Secret Police，就是负责此种任务的。

不过，在电影与小说所描述的其实是贴身的护卫小组，他们只是整个护卫团队的一部分。在实际中，贴身护卫的主要目的是在案件发生之前就判断出危险程度，其任务重点主要是预防暗杀事件的发生。

所保护的目标人物越是出名，就越容易受到恐吓信、恐吓电话等威胁，甚至是遭遇刺杀事件。这些信息大多数都只是恶作剧，并没有实质的危险。就算在信息中充满了恐吓的言辞，也不一定就会付诸实施。

大部分疑犯对目标人物进行威胁的目的，就是为了让其感到害怕。所有威胁的内容只是为了表达个人的愤怒或者嫉妒的情绪，并不是想真正伤害目标人物。因为如果他真的想要对目标人物不利的话，不易察觉的计划要比愤怒地表达情绪更有威胁性。

不过，在所有的恐吓信息中，有可能会存在潜在的危险。警员会在预感到危险的时候，迅速判断危险程度。比如，过度崇拜护卫目标的粉丝，在恐吓的信中不断提及对目标的崇拜，就值得警方注意了。

有的恐吓信中会提到“我要杀了你”这样的话，其危险程度与一些比较平和的话相比，可能危险程度还要更低一些。

还有一些危险程度比较高的信息，比如，夸大妄想、自恋、特殊的要求、跟踪等。警方根据这些信息，分析疑犯在写恐吓信、打恐吓电话时的实际情况，这才是判断危险程度的基本准则。

人员护卫小组主要是做好事前防御

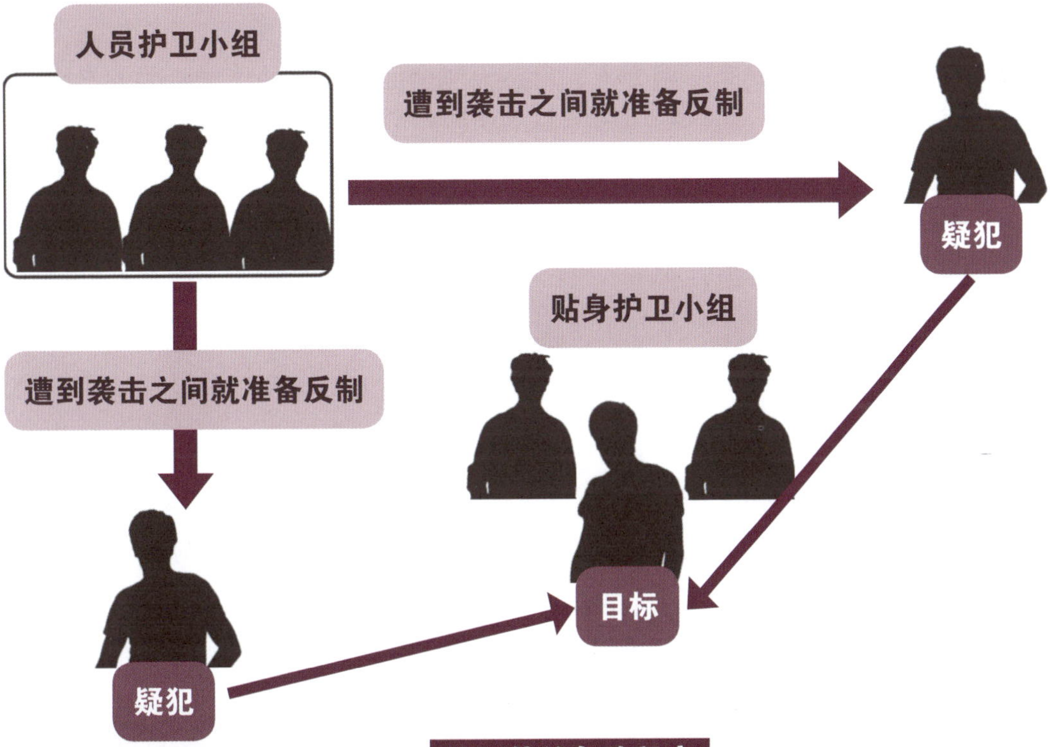

恐吓信的危险程度

No.087 护卫需要多少人

人员护卫小组必须要全天 24 小时保护目标人物的安全，但电影或小说中护卫小组一般只有一两个人，自然无法全面顾及各种情况。因此，警方会将几名甚至十几名警员组建成各个小组，建立起相互支援的护卫体系。

任务随护卫目标而改变

越是影响力大的人物，就越容易受到来自各方面的威胁。大多数的暗杀案件都是因为盲目地崇拜或者为了吸引媒体与警方的注意而进行的。

在各种类型的杀手中，为了追求自我认同感而袭击名人的类型在逐渐增加。随着媒体的力量不断强大，使得疑犯认为一旦成功暗杀某位名人，自己就能通过报纸、电视、网络等途径出名。

为了保护目标人物不受伤害，警方必须集体行动。若由一两名警员负责保护的情况，很难完成保护目标的任务。

为了要全天 24 小时确保目标人物的人身安全，人员护卫小组必须要由多名警员组成，成员之间相互合作，负责全方位的防卫。这样，在遇到意外时，才能做出相应的反应。

以欧美的特种警察为例，在保护州长或者大使级别的官员时，人员护卫小组至少由 15 名警员一起组成。分别编有指挥小组（1 名）、随身护卫小组（4 人 ×2 组）、监视小组（4 名）、驾车人员（2 名）。

具体的护卫体系则是警方的高度机密，具体的安排会根据每天不同的状况随机应变。在安排护卫的时候，会根据相关的情报和资料，充分考虑从恐吓信或者恐吓电话等解读出来的信息以后综合决定。

预防暗杀行动的诀窍，在于要让杀手认为“警方保护全面，无从下手”。因此，人员护卫小组会随时根据实际情况判断危险程度，并做出相应的反制措施。

暗杀事件与媒体

袭击名人的杀手常常是为了出名，寻求自我认同感。

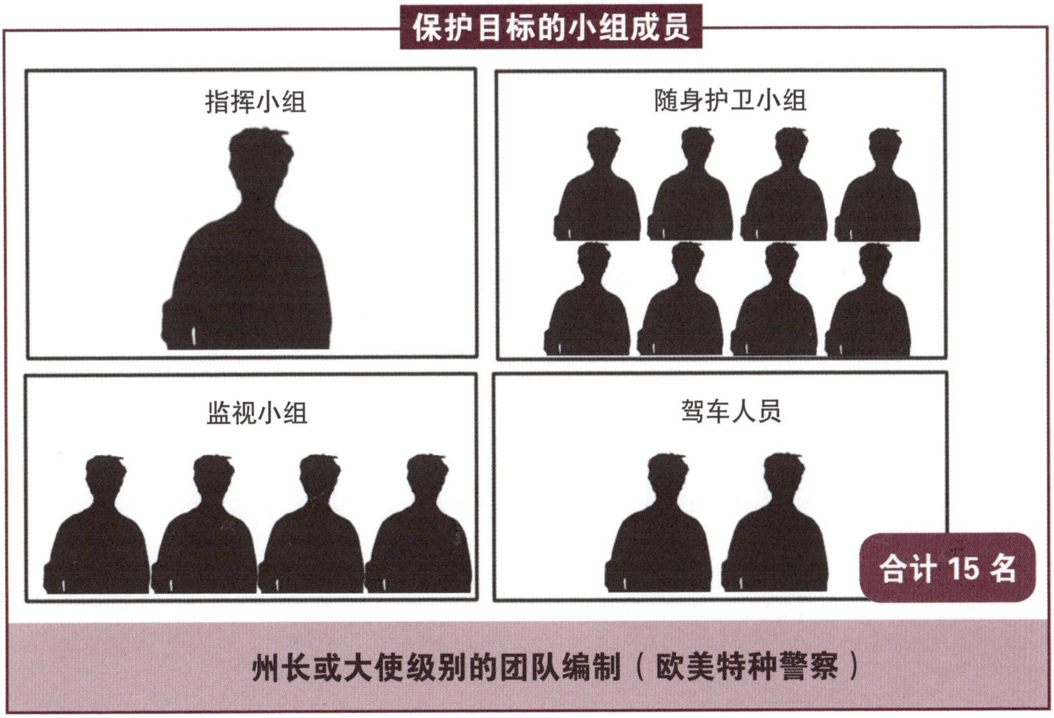

No.088 如何保护好护卫对象

随身护卫小组的任务就是要直接确保目标人物的人身安全。在大众眼中，他们似乎就是扮演“人肉盾牌”的角色，在遇到危险的时候挺身而出。实际上他们需要是在危险来临之前就成功规避。

瞬间的暗杀

随身护卫小组的工作就是要时刻注意目标周围的环境，发现随时可能存在的危险。在目标人物外出的时候，他们也会一起行动。随身护卫小组是整个人员护卫团队中保镖形象最为浓厚的部门。

一提到保镖，人们很容易就联想到身穿西装、佩戴墨镜、身上挂着无线电的彪形大汉。这只是电影和小说中常常塑造的形象，让人们以为他们在目标遭到袭击的时候扮演“人肉盾牌”的角色。

正是在这些作品的影响下，有的目标人物也会持有同样错误的概念，甚至还有一些目标人物会将所有的事情都交给随身护卫小组负责，丝毫没有危机意识。

在执行任务的时候，人员护卫小组需要与目标人物仔细沟通，叮嘱目标人物时刻保持自己的警惕心。

在之前的准备工作中，人员护卫小组必须要了解目标人物的各方面信息，包括疾病、血型。根据这些信息，护卫小组才能制定出周密完善的应急措施。

随身护卫小组会在目标人物外出的时候一起行动，时刻监视周围的环境。同时他们还要根据情况随时改变护卫的策略。

一旦遭到袭击，护卫小组的首要任务就是保证目标人物的人身安全。一场暗杀行动从发动到结束可能只需要短短的几秒钟，护卫人员是不可能像电影或小说中描述的那样立刻拔枪与杀手对决，也很难有充分的时间制服杀手。总而言之，护卫小组会尽量在危险发生之前就觉察，保护目标离开该区域。

目标的危机意识对整个人物的影响

影视作品 目标的危机意识不足,遇事的时候很容易陷入惊慌。

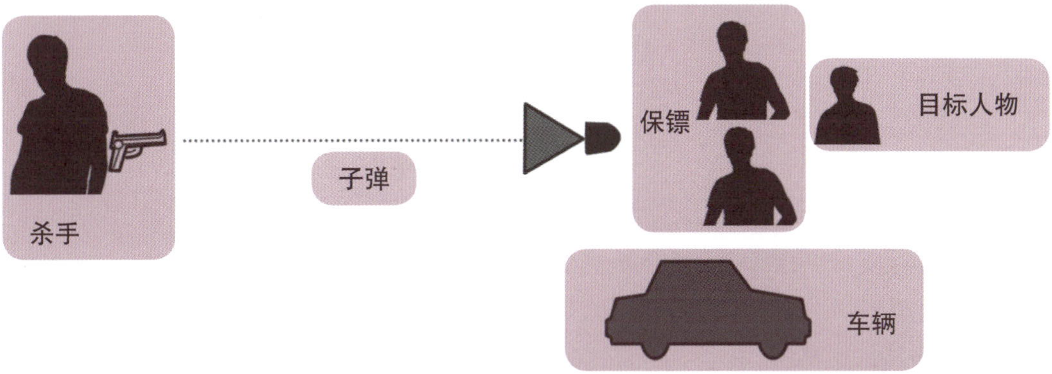

现实 遇到危险以后，会迅速护卫目标人物进入车辆。

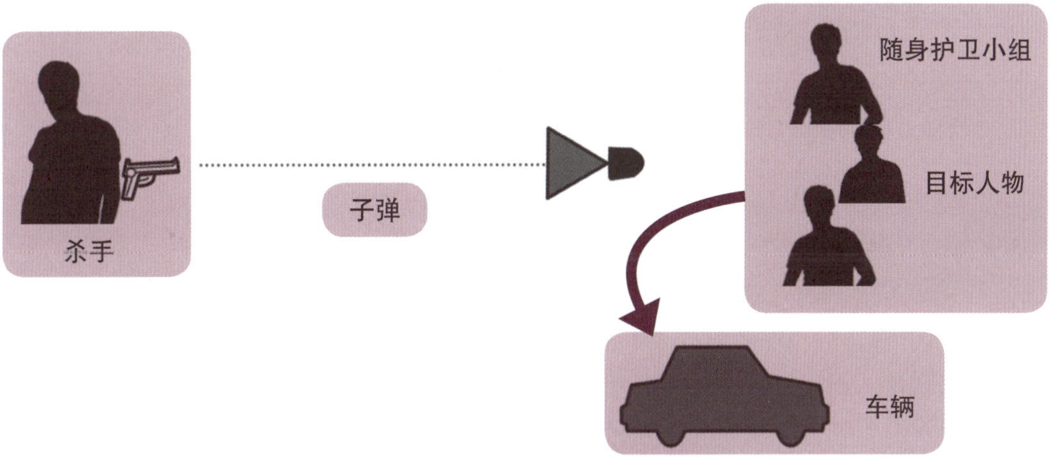

随身护卫小组的护卫要领

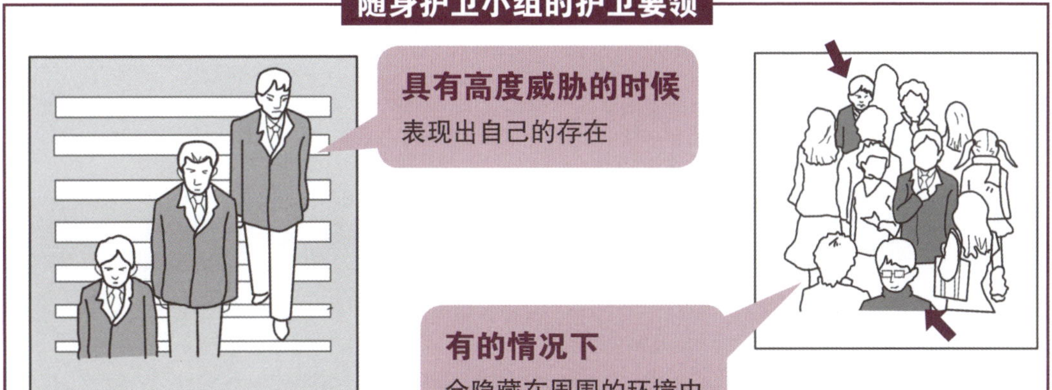